DEDICATORIA

Para Vida, mi bella esposa
Y mis hijos que me acompañan:
Claudio Guillermo,
Ana Belén,
José Miguel
y Luis Felipe

A mi pequeña nieta
Ana Sofía

A mis hermanos Henry y Frank
A mis Padres

A todos los que sueñan con ser grandes emprendedores.

*Ten la **actitud** correcta
en el momento correcto.*

RIQUEZA O POBREZA

TÚ ELIGES

EL SECRETO

para emprender desde cero

Cómo hacer un Negocio Exitoso

Claudio de Castro

Copyright © 2021 Claudio de Castro

Todos los Derechos Reservados

ISBN 9798666588352

RECONOCIMIENTO

Un reconocimiento especial a mis hermanos Henry y Frank por sus valiosos aportes, y a Carlos Pagés, Lali Carrizo, Liz Pinto, Dovi Eisenman, Elías Manopla y Josep María Amorós, quienes quisieron participar y enriquecer este proyecto con sus experiencias y conocimientos, para apoyar a los nuevos emprendedores.

CONTENIDO

CAPÍTULO UNO

¿TE QUEDASTE SIN EMPLEO? 19

VIVO UN MOMENTO DIFÍCIL 23

LA NUEVA REALIDAD 27

NUEVAS OPORTUNIDADES 29

CAPÍTULO DOS

TRABAJA A TU PROPIO RITMO 41

¿QUÉ APRENDERÁS? 43

QUÉ ES UN EMPRENDEDOR 51

EL ÉXITO EN TUS MANOS 57

¿DEBO RENUNCIAR A MI TRABAJO ACTUAL? 67

¿PODRÉ VIVIR DE MI EMPRENDIMIENTO? 71

¿ESTÁS LISTO? 75

¿POR QUÉ NO LO HICE ANTES? 79

¿TE ATREVES? 83

NUESTRO GRAN ENEMIGO 85

HAZ LO QUE TE APASIONA 87

GRANDES PARADIGMAS 91

EL PODER DE LAS PALABRAS......................93

LA CLAVE PARA EMPRENDER 103

PALABRAS DE ALIENTO 109

CAPÍTULO TRES

¿CÓMO EMPEZAR? 113

TIENES QUE PREPARARTE 117

¿CÓMO PUEDO LOGRARLO? 123

LAS PREGUNTAS QUE TE HARÁS 125

CAPÍTULO CUATRO

LOS MEJORES CONSEJOS PARA EMPRENDEDORES 135

LA IDEA DEL NEGOCIO 143

¿CÓMO TE DIFERENCIAS? 147

HERRAMIENTAS DIGITALES 153

EL REPARTO DEL PRODUCTO 155

EL MERCADEO 157

REINVENTANDO TU NEGOCIO...................161

CAPÍTULO CINCO

TU EMPRENDIMIENTO 167

TUS CLIENTES 169

CÓMO LOGRAR QUE UN CLIENTE NO TE VUELVA A COMPRAR 173

TIPS PARA QUE UN CLIENTE TE VUELVA A COMPRAR 176

¿QUÉ DEBO HACER? 183

LOS PUNTOS DE VENTAS 187

UN CONSULTOR COMPARTE SU EXPERIENCIA 193

CAPÍTULO SEIS

LA TECNOLOGÍA 199

¿USAS FACEBOOK? 199

¿TIENES CORREO ELECTRÓNICO PERSONALIZADO? 201

INSTALA INSTAGRAM 202

TU PÁGINA WEB 203

NUEVOS NEGOCIOS 211

CREA UNA TIENDA VIRTUAL AMIGABLE 213

LAS OFERTAS 216

CAPÍTULO SIETE

TU ESPACIO SAGRADO 221

NUNCA TRABAJES EN PIJAMA 226

LAS 10 CLAVES DEL ÉXITO 229

LOS CONSEJOS DE UN EMPRESARIO 233

TU NUEVO HORARIO 237

¿TENDRÉ SALARIO? 241

CAPÍTULO OCHO

NO TENGAS MIEDO 247

EL MIEDO PARALIZA 253

LO QUE APRENDÍ 255

ES HORA DE EMPRENDER

Lo que estás a punto de leer NO es un libro teórico más, de esos que abundan de autoayuda. Estas claves ¡SÍ FUNCIONAN! Las he probado. Depende de ti ponerlas en práctica. Muchos lectores, nuevos emprendedores, las han usado y tuvieron excelentes resultados.Te ofrezco con este libro extraordinario, **el conocimiento que muchos quisieran tener** en este momento de grandes dificultades y que es capaz de abrirte las puertas a un nuevo mundo lleno de oportunidades.

Es un Tesoro lo que te voy a compartir, una guía, un curso intensivo pero muy sencillo, al alcance de cualquiera, para que seas un emprendedor, triunfes en tiempos de Pandemia y logres salir adelante como una persona exitosa. **Podrás diseñar tu propio negocio, que sea funcional, que sea una máquina de hacer dinero y te permita vivir cómodamente de él.** Depende de ti. Yo te muestro lo que debes hacer, te expongo los conocimientos y el camino a recorrer. Tú deberás poner en práctica lo que estás por aprender y perseverar, esa es la clave.

*"**Todo me ha gustado, este libro fue el mejor obsequio**. En este tiempo de Pandemia casualmente me encuentro emprendiendo con mi hermana y he pasado por no confiar en mí y el producto, los consejos que brinda son el paso a paso para arriesgarse y hacer lo que te gusta. Nunca es tarde y sobre todo para tener una actitud POSITIVA, ver las cosas buenas de la vida y ser feliz con lo bueno o malo".* (Reseña de un lector)

¿Te gustaría tener tu propia empresa y vivir holgadamente? ¿Quieres ser un emprendedor exitoso? Si la respuesta es un rotundo "SÍ", debes leer este libro. Es un manual muy valioso, que te explica lo esencial para crear una empresa, paso a paso. **NO NECESITAS CONOCIMIENTOS PREVIOS**. Tú puedes surgir desde cero con tu emprendimiento. Los sueños son posibles. Solo debes prepararte, estudiar, aprender, poner de tu parte y nunca rendirte.

¿Por qué escribí este libro? A todos nos golpeó la Pandemia. Llegó de pronto, sin avisar, y fue una dolorosa experiencia. La siguieron la cuarentena y los cierres forzados de grandes y pequeñas empresas, que no soportaron esos encierros tan prolongados. He pensado en las miles de personas que han perdido sus empresas o trabajos. Estaban acostumbrados a un modelo empresarial y una forma tradicional de trabajar y brindar un servicio, con un esquema que ya no funciona. Me va bien como emprendedor y sentí que debía aportar algo, ayudar en la medida de mis capacidades. He sido emprendedor quince años, tengo una gran pasión por lo que hago y vivo con comodidad. ¿Por qué no transmitir a otros lo que aprendí? Como han surgido novedosas formas y tecnologías increíbles para lograr un emprendimiento me acerqué a muchos de los que han conquistado el éxito en mi país y les pregunté: *"¿Cómo lo lograste? ¿Qué debe hacer una persona que empieza desde cero para conseguirlo?"* Sus respuestas y consejos me sorprendieron. **Son un catálogo a la excelencia para triunfar en la vida y los negocios**; y tú podrás aprovechar este conocimiento hoy y ahora.

Casi todo en nuestro tiempo gira alrededor del Internet: las nuevas comunicaciones, la mensajería instantánea, la televisión, el entretenimiento, las clases escolares y universitarias con Zoom, los cursos virtuales, las operaciones bancarias y los negocios.

Las empresas tradicionales han tenido que adaptarse y cambiar para no desaparecer y los nuevos emprendedores, la mayoría con ganas de hacer mucho dinero, ven en esto que vivimos una enorme oportunidad y la están aprovechando. Se sienten muy cómodos en su ambiente, se adaptaron rápido al comercio electrónico, el marketing digital, las redes sociales, la creación de páginas web y tiendas on line. Se dieron muchos cambios en este tiempo de la Pandemia, sobre todo en la forma de hacer nuevos negocios y ahora son irreversibles. La mayoría, en estos tiempos, compran y venden con tecnología digital usando el Internet. Se veía venir, pero la Pandemia y el encierro obligatorio aceleraron el proceso.

Las personas no podían salir de sus casas. ¿Cómo adquirir los productos básicos para sobrevivir sin exponerse? Algunos se percataron de esto, lo vieron como una increíble oportunidad que se desplegaba ante sus ojos y crearon empresas digitales. Otros tuvieron que transformar las compañías que ya tenían para adaptarse a las necesidades actuales y las nuevas formas de hacer negocios. Las compras y ventas online se consolidaron y crecieron exponencialmente.

A lo largo de este libro te recordaré las palabras que una vez me dijo un emprendedor:

"Encuentra una necesidad, provee lo que necesitan y tendrás tu empresa".

Mientras algunos se quejan por la falta de oportunidades, por haber perdido el empleo o quebrado sus empresas en esta Pandemia, otros están emergiendo y creando nuevos negocios y emprendimientos usando el Internet y la tecnología que tenemos a nuestro alcance. Algunas de estas personas exitosas han colaborado con este libro para ayudarte, entregándote sus conocimientos y sabios consejos.

Tienes en tus manos una guía práctica para iniciar tu negocio, aprovéchala, aprende todo lo que puedas y cuando tengas tu empresa funcionando, cuéntame qué tal te fue. Me encantaría saber de ti porque mi deseo primordial es darte una mano para que puedas salir de esta situación tan difícil como tantos las tienen. Algo fundamental antes de empezar.

"SÉ POSITIVO".

Deseo que puedas ser un gran emprendedor y a la vez generar empleo y ayudar a otros a salir adelante, así que te deseo lo mejor, te deseo muchos éxitos.

~~

CURIOSIDADES…

¿Sabes lo que es el e-commerce o comercio electrónico? Es un sistema de compra y venta que utiliza el Internet como medio principal **para el intercambio de los productos o servicios que ofreces.**

CAPÍTULO UNO

TÚ PUEDES LOGRARLO

*¿Estás a gusto con lo que haces?,
¿con tu vida actual?*

*Responde con sinceridad. Si no lo
estás, todo eso está punto de
cambiar.*

¿TE QUEDASTE SIN EMPLEO?

¿Perdiste tu trabajo después de años en esa empresa y ahora no sabes qué hacer? No te preocupes, le está ocurriendo a muchos y puede que para ti sea más una oportunidad que una desgracia. Sé de algunos casos que este momento dramático cambió sus vidas en un antes, dependientes de un empleo y un salario; y un después en el que se lanzaron a buscar algo mejor, se esforzaron y conquistaron el mundo.

De pronto tienes una idea y crees que podría ser un negocio rentable. ¿Te preguntas cómo lo hacen otros para emprender un negocio exitoso? ¿Te gustaría ser independiente y no sabes por dónde empezar? **Este increíble libro es lo que has estado buscando.** No imaginas cuánto te ayudará su contenido a empezar una nueva vida. Para lograr escribirlo, uní esfuerzos con *emprendedores exitosos* que con generosidad nos enseñan cómo neutralizar el miedo que paraliza. Podrás revisar si tu idea es viable para un negocio y tener éxito al generar empresas desde tu casa, usando como herramientas el Internet y un ordenador.

Si nunca has emprendido, éste es un buen libro para iniciar tu negocio y hacerlo todo iniciando a partir de una simple idea. **No necesitas experiencia previa para lograrlo.** Aprenderás conceptos básicos y generales de gran utilidad para **empezar desde cero** tu negocio. Las oportunidades y las herramientas están a tu alcance. Son muy simples.

Nuestra misión es compartir contigo una información muy relevante, un tesoro cuyo cofre hemos descubierto y ahora lo compartimos, lo ponemos frente a ti para que lo abras si quieres y uses su contenido para tu bienestar. Cada cual es dueño de su destino. Te espera una experiencia increíble, que cambiará tu vida, como cambió la nuestra y la de muchos otros que ahora son emprendedores y les apasiona lo que hacen y se levantan animados cada mañana al despertar. El mundo se está transformando rápidamente. La forma como se crean las empresas y los negocios ha cambiado y a cada minuto surgen emprendedores que aprovechan las oportunidades… Muchos en este momento están creando nuevos emprendimientos o digitalizando sus antiguos negocios.

Las ventas en línea se han acelerado con esta Pandemia con un crecimiento exponencial. He conocido emprendedores que tienen dentro de sí ese deseo de **libertad,** de poder hacer con su tiempo lo que mejor les parezca y lo hacen con tranquilidad porque han desarrollado negocios rentables que trabajan para ellos, no ellos para el negocio.

Hace poco conocí un joven que toda su vida fue un empresario independiente. Le ofrecieron un trabajo muy bien remunerado que cualquiera aceptaría. Duró seis meses y renunció. Sintió que le quitaban su libertad al estar encerrado todo el día en una oficina y no poder desarrollar sus ideas en su provecho personal, como estaba acostumbrado.

No pienses que estar sin trabajo es una desgracia, puede que sea la oportunidad que necesitabas para emprender. Ahora tienes el tiempo. No lo pierdas desanimándote, sintiéndote un inútil porque nadie te emplea. Vamos… ¡Ánimo! Naciste para cosas grandes. Te has acostumbrado a una forma de vida muy sedentaria, ocho horas en una empresa, con un jefe indicándote lo que debes haces cada día y allí estabas en tu zona de confort pensando que así debía ser tu vida. No imaginas el daño que te hacías, teniendo a tu alcance tantas oportunidades para desarrollar algo propio.

Ahora lo sabes, **tú puedes** y debes. Tienes la capacidad, igual que el dueño de la empresa donde trabajaste. También tú puedes crear una y mejor.

El mundo se está renovando, el que no cambia se quedará atrás y perderá sus oportunidades. esfuérzate, abandona tu comodidad y sal en busca de un mejor futuro para ti y tu familia. Lo merecen.

El comercio electrónico ha cambiado nuestros hábitos y las innovaciones han llegado para quedarse y tienen un espacio reservado para ti, esperándote. Puedes y debes tomarlo. **No hay edad** para empezar y ser un emprendedor. Todo está en ti, el coraje, el entusiasmo **y la actitud.** Tienes lo necesario.

Bienvenido a esta gran aventura.

VIVO UN MOMENTO DIFÍCIL

Ernesto pasó quince años de su vida trabajando en esta empresa, temeroso que lo botaran, esperando todos los días ese aciago momento. No disfrutaba su vida. Pensaba que, sin ese trabajo, su vida acabaría. Llegó la Pandemia y cerraron la empresa casi un año por la cuarentena. Poco a poco fueron reiniciando sus actividades y se sintió aliviado.

Hace unos meses, ocurrió. Una mañana lo citaron a una reunión extraordinaria a la oficina principal junto con otros 80 empleados. El recuerdo de aquel día está vivido en su memoria. Pensaba salir luego a almorzar y recogió sus pertenencias. En el salón refrigerado estaban el presidente de la corporación junto a otros altos ejecutivos. "Vivimos tiempos difíciles, que nunca imaginamos. Con esta Pandemia nuestra empresa ha perdido casi la mitad de sus activos y nos vemos en la necesidad de prescindir de ustedes hasta que la situación mejore. Agradecemos los años que le brindaron con tanto amor y entusiasmo a esta empresa". Lo acaban de despedir. Un tumulto de sentimientos se agolparon en su corazón.

No podía asimilarlo ni pensar con claridad. Le entró el pánico. Por alguna razón inexplicable, tuvo unos minutos de serenidad que aliviaron su alma adolorida. Le había dado los mejores años a esta empresa, y ahora esto…

La verdad es que siempre fue a trabajar como un náufrago que se aferraba a una balsa, se sentía inseguro, atemorizado. Luego, como un dique que explota frente a él, vinieron a su mente un rosario de deudas: el pago pendiente del colegio de su hijo, la hipoteca de la casa, el préstamo del auto, la tarjeta "impagable" de crédito y otras muchas obligaciones. ¿Qué pasaría ahora? Confundido condujo el auto hacia su casa. A su lado, en el asiento del auto estaba la carta de despido, un cheque de poca monta pagando su liquidación y una caja con las pocas pertenencias que tenía en la empresa. Lo esperaba su esposa sin saber lo que ocurrió. ¿Cómo afrontar esta desgarradora situación? ¿Qué hacer sin otra fuente de ingresos? ¿Sería el caos?

Ernesto nunca lo imaginó, pero este evento fue el catalizador para cambiar su vida e impulsarlo a hacer algo mejor y encontrar la seguridad que necesitaba. No siempre lo que parece malo, lo es, a veces es **el impulso** que necesitamos.

El suyo no es el único caso. Conozco varios como él. En este momento, miles de personas alrededor del planeta atraviesan un momento difícil. Tal vez te encuentras en esa situación sin saber qué hacer. Quiero darte en este momento, una buena noticia... Cuentas con una herramienta PODEROSA que te puede ayudar a salir adelante. Se llama Internet.

¿Nunca has iniciado un proyecto empresarial porque te falta experiencia y no sabes cómo? ¿Quieres y necesitas hacerlo? Este libro te lo explica todo en un lenguaje sencillo, fácil de entender. Es fruto de mucho esfuerzo, investigaciones, vivencias, entrevistas y determinación; de hecho, fue una de mis primeras obras exitosas auto publicadas en Amazon. Siempre estuvo destinada a ayudar a otros. Ahora la he actualizado con nuevas experiencias y testimonios reales de emprendedores que usan el comercio electrónico y que seguro te impulsarán a emprender. Un lector agradecido dejó esta reseña espectacular al leer el libro recientemente:

*"Es un libro que **captura tu atención** desde la primera página! Totalmente enfocada en nuestra realidad. Tiene consejos y recomendaciones muy apropiadas para aquellos que estamos pensando en independizarnos para tener calidad de vida. Definitivamente **los invito a leerlo**, siendo un claro testimonio de vida que nos lleva a reflexionar".*

He aprendido a lo largo de mi vida, lo fuerte que es la voluntad para sacarnos de cualquier hueco, también sé que podemos ser emprendedores si nos esforzamos.

Te invito a leer este libro con espíritu de un emprendedor. Toma impulso y cambia tu vida para siempre.

~~~

Debes creerlo.
Es necesario que lo creas.
Puedes ser un emprendedor.
No hay nada imposible para ti.

LA NUEVA REALIDAD

Sentado en una banca leo las noticias por Internet. La Feria del Libro acaba de anunciar que este año será virtual y los escritores podrán vender sus libros on line. Pensé: "Mientras hay un BOOM de compras en línea que ha obligado a digitalizar procesos y negocios, existen miles de personas que viven atemorizadas de un futuro incierto. Han perdido sus empleos en empresas tradicionales que no dieron el salto. Alguien debe decirles: Este es el mejor momento para aprender cómo funciona la tecnología y usarla a tu favor".

Me pareció que tenía una oportunidad para ayudarlos, compartir algo de lo que hemos aprendido, y demostrar que puedes generar ingresos con un emprendimiento desde tu casa y crecer como persona y empresario. El ingrediente principal es querer. Hay muchos otros que están aportando sus conocimientos, abriendo sus redes sociales y plataformas en Internet, con generosidad. Les echan una mano para que puedan salir adelante.

Mi hija Ana Belén me mostró esta mañana durante el desayuno una página en Instagram.

Un Influencer con medio millón de seguidores escribió: "Quiero ayudarlos. Mándenme sus emprendimientos y los voy a publicar". Ella comentó también la página de un joven talentoso que puso su anuncio allí. A partir de una foto tuya hace retratos hiperrealistas. Mi hija está encantada y va a contratar sus servicios de freelancer. Quedó comprobado, lo que se anuncia por el canal adecuado, vende.

Hay tanto que puedes hacer para surgir en medio de esta crisis. Pero tranquilo, vamos a explicarte cómo lograrlo. En este proceso nunca olvides la presencia de un Padre que nos cuida a todos desde el cielo, hablamos de Dios. Somos cuerpo y espíritu. También debes apasionarte por alimentar tu espíritu, como alimentas tu cuerpo y buscas su bienestar y el de tu familia. Para muchos, esta relación abierta con Dios ha sido parte indudable de su éxito. La segunda parte de este libro, que estamos escribiendo y esperamos publicar antes de un año, contará con testimonios verídicos, impactantes, de grandes emprendedores que caminaron de la mano de Dios, compartieron sus riquezas y beneficios e hicieron de sus vidas algo extraordinario.

NUEVAS OPORTUNIDADES

Solía trabajar en empresas dando lo mejor de lo mí, pero sin sentirme totalmente a gusto. No eran mis empresas, pero las cuidaba como si lo fueran. Un día decidí tomar las riendas de mi vida, por más arriesgado que pareciera, con 4 hijos, una hipoteca que pagar, una esposa…

Me entrenaron y programaron mi mente como a millones de personas en este mundo, para ser un ejecutivo, trabajar para una empresa, tener un horario establecido de ocho horas laborables, dar el kilómetro extra por la empresa gratuitamente, sentiré orgulloso de ello, leer libros de auto ayuda, mercadeo y mejoramiento empresarial y tal vez terminar mis días productivos en una fábrica que no era mía. Pero NADIE me dijo NUNCA que había otras opciones, además de colaborar a enriquecer a otros con mi esfuerzo cuando podía hacerlo para mí, tener mi empresa, crecer espiritualmente y conquistar mis sueños.

Leí libros de reingeniería, calidad total, empresas exitosas. Me sentía importante haciendo estas cosas, participando de seminarios, con un gafete colgando de mi cuello, en el que se leía en grandes letras mi nombre: "Claudio de Castro / Gerente". Jamás me enseñaron que podía ser mi propio jefe, trabajar para mí; invertir mi tiempo en algo que me apasionara.

Dediqué la mayor parte de mi vida trabajando para otras personas, engrandeciendo sus empresas. Les di lo más valioso que tenía: *mi tiempo.* Y todo a cambio de un salario fijo y un falso sentimiento de seguridad. A menudo me pregunto: *¿Por qué?* Era como si tuviese una venda en los ojos que no me permitía ver mis posibilidades como persona. Y no estaba solo, miles más pensaban como yo, cerrados a nuevas oportunidades. Conocí a través de los años a muchos que tuvieron el coraje de ser independientes, trabajar para ellos mismos y luchar para salir adelante. Esto lo cambió todo. Yo era un engranaje solamente, que movía otros engranajes en esta empresa que no era mía. Siempre trabajé como si la compañía me perteneciera. Cuidaba cada centavo y los detalles por pequeños que fueran. Y

> **LA CRUDA REALIDAD...**
>
> **NO ES TU EMPRESA.**

siempre estaba pendiente que saliéramos adelante. Pero al final, te das cuenta de la cruda realidad... No es tu empresa y tú, simplemente eres un empleado más, uno del montón, alguien innecesario. Me marché al tiempo agradecido por la oportunidad que tuve y la empresa continuó como si yo nunca hubiese existido.

Estando cerca de los cincuenta, mi esposa me dijo: *"Tienes un sueño que no has realizado"*. Me miró a los ojos y añadió: *"Creo que es hora de hacerlo. Vamos. Yo te apoyo"*. Hasta ese momento mi vida había sido como un videojuego llamado Pac-Man o comecocos, de los años ochenta. Fue uno de los primeros que salieron al mercado. Era un círculo amarillo con ojos y una enorme boca que iba devorando todo a su alrededor, en un laberinto.

Los gastos me perseguían y devoraban como ese Pac-Man, sin piedad alguna y si me quedaba inmóvil, me atraparían, y lo perdería todo. Fue en un momento así de estrecho y difícil que mi esposa se me acercó para recordarme que tenía este sueño sin cumplir. Entonces, abandoné lo que hacía y me enfrenté al Pac-Man que tanto me atemorizaba. Era el año que *cambiaría mi vida para siempre.*

Recuerdo esos tiempos difíciles en que la carestía era lo cotidiano, nunca nos alcanzaba el dinero y hacíamos magia para terminar el mes. Desde que trabajo en casa y genero lo que necesito y más, con mi propio esfuerzo, sin depender de ninguna empresa, sonrío satisfecho. Tengo libertad financiera y tiempo para hacer lo que tanto me entusiasma. Fue lo mejor que pude decidir. Ojalá lo hubiese hecho antes, pero no tuve el valor para arriesgarme. Ahora hago lo que me apasiona, escribo sentado en este rincón de mi casa, feliz.

Debes saber, antes de continuar, que el triunfo es para los valientes, los que se atreven a soñar en grande. Ese éxito con que tanto sueñas, espera por ti. ¿Estás dispuesto? ¿Tienes el coraje de ir por él? O te congela el miedo, y te paralizas, como les ocurre a muchos. ¿Qué decides? Cree en ti mismo. Te lo aseguro, si quieres, puedes.

Yo lo abandoné todo para dedicarme a escribir. Quería vivir haciendo algo que me apasionara. Nunca imaginé que me deparaba el futuro.

En medio de esta Pandemia no he dejado de escribir y publicar libros de autoayuda y crecimiento personal y espiritual que han ayudado a miles de lectores. Están disponibles impresos y en formato digital, libros que se descargan en menos de un minuto en tu dispositivo digital y puedes leer con comodidad. Te invito a darles una mirada. Entra en Amazon y escribe en el buscador: "Claudio de Castro". El incremento de ventas de libros electrónicos, ebooks o libros digitales de pronto se disparó, porque las personas en cuarentena no podían salir de sus casas para adquirirlos en librerías, y mis libros digitales estaban disponibles en Amazon, esperándolos. Si entras en Amazon de tu país y escribes mi nombre encontrarás más de 150 libros, algunos en 4 idiomas.

Las oportunidades siempre llegan, debes estar preparado para reconocerlas y atraparlas, puede que no vuelvan a pasar. He aprendido que si haces lo que te apasiona vas a llegar lejos, eso te lo garantizo. Hoy día existen cientos de herramientas digitales y plataformas en Internet que puedes aprovechar para vender tus productos o servicios, crear tiendas virtuales, surgir y ser un emprendedor exitoso. Tenemos la ventaja del Internet.

Un sobrino mío, que vive en Costa Rica ha creado un nuevo producto y lo vende con éxito en Amazon. Le rinde grandes utilidades. El producto se vende incluso cuando él está dormido. Le compran su producto desde varios países. ¿La clave? Es un producto innovador que soluciona un problema, tiene un nombre atractivo, para las imágenes ha usado fotografía profesional, están bien detalladas las especificaciones, y tiene videos mostrando su uso.

La situación que estamos viviendo ha logrado que los negocios para poder sobrevivir se transformen. El comercio electrónico, e-commerce, ha sido la salvación, su uso se disparó y creció exponencialmente.

Personas que no solían usar herramientas digitales para hacer sus compras las han probado por necesidad y luego de tener buenas experiencias siguieron usando estos servicios. Ahora se han vuelto usuarios cotidianos. Mi familia es un buen ejemplo de ello. Cuando estuvimos confinados en nuestros hogares por la cuarentena obligatoria, compramos el mercado, la farmacia y diferentes productos a empresas y almacenes a través de páginas digitales y catálogos de tiendas virtuales, con páginas web, presencia en Instagram y hasta Facebook. Pedimos y compramos casi todo por Internet. El buen servicio, la facilidad de pago con tarjetas de crédito de forma confiable y la rápida entrega han hecho que sigamos utilizando algunas empresas y servicios. Mi hija y mi esposa Vida lo que se requiere en casa, lo compran en línea. Muchas empresas han traslado sus negocios a las redes sociales y se comunican con sus clientes a través de Facebook, WhatsApp, teléfono y correo electrónico. Exhiben sus productos en Instagram, Facebook Stores. Se reinventaron y así han podido sobrevivir y crecer. Han seguido vendiendo, usando la tecnología a su favor. Los emprendedores supieron aprovechar esta oportunidad. Es un cambio impresionante en nuestras vidas, que está revolucionando el mundo.

El cambio era algo inevitable, tarde o temprano iba a llegar, pero esta Pandemia les dio el impulso que muchos necesitaban, y se reinventaron por la necesidad de sobrevivir. Los comercios para poder vender han tenido que adaptarse a esta nueva modalidad de ventas en línea por Internet, mejorando el despacho.

Esta transformación ha sido rápida por lo que algunos han tenido problemas en adaptarse, sobre todo en lograr entregas eficientes.

Los usuarios y consumidores obtienen grandes ventajas. No tienes que perder tiempo valioso y gasolina saliendo a comprar productos que te pueden llevar a tu casa. Hoy, los clientes buscan servicios y productos que les faciliten la vida y les solucionen alguna necesidad. Eligen empresas que hagan entregas en casa, que sean rápidas para despachar, confiables y con plataformas de Internet en las que puedan pagar fácilmente, con seguridad, sin demora o trabas. Los procesos de pago "seguro" son fundamentales para que el usuario compre tu producto o servicio.

Vivimos un cambio sorprendente en la forma como hacemos los negocios, una transformación también en los hábitos de los consumidores, pues las personas están comprando en negocios virtuales. Es un nuevo modelo de negocios que puedes y debes aprovechar en tu beneficio, una ola enorme a la que puedes subir y dejar que te lleve con ella hacia el éxito. El mercado ahora es global.

Hay millonarios en el mundo que antes eran personas sencillas, sin mayores ambiciones, un día vieron un problema y lo convirtieron en una oportunidad de negocios y triunfaron, después de varios intentos y fracasos. Nunca se rindieron. Es historia que Edison hizo más de mil pruebas fracasando con diferentes materiales, incluyendo fibras de plantas y no se rindió, hasta encontrar un filamento perfecto que sirviera para la bombilla eléctrica como la conocemos hoy.

Me parece que fue Henry Ford
quien dijo:

"Fracasar en la manera de empezar de nuevo, de una manera más inteligente".

CAPÍTULO DOS

CUALIDADES DE UN EMPRENDEDOR

Trabajar como emprendedor
tiene muchas ventajas.

TRABAJA A TU PROPIO RITMO

¿Ventajas de ser un emprendedor? Hay muchísimas. Y te las digo por experiencia propia. ¡Esto es increíble! Estableces tu propio horario y un ritmo de trabajo. Te ahorras el tráfico y el desgaste del auto. Planificas tus salidas en horas que no hay congestionamientos vehiculares y llegas más rápido a tu destino. Gastas menos en gasolina, llantas… Tienes más dinero y tiempo para ti y tu familia. Ahorras en ropa. Vistes como quieres buscando tu comodidad.

Puedes usar como oficina: tu casa, la biblioteca o una cafetería, una banca del parque, el lugar que quieras, donde te sientas a gusto, mientras haya Internet disponible.

Podrás almorzar en casa todos los días. Tener comida saludable en buena compañía, eso no tiene precio. Cuando tus hijos lleguen del colegio te encontrarán. Y por supuesto, y esto es genial, siempre vas a llegar temprano al trabajo... Sólo tienes que levantarte de la cama, dejar esa pereza, bañarte y tener una actitud positiva.

Conozco muchos que tienen grandes tentaciones y caen en ellas arruinando sus sueños. Se gastan todo el dinero que les entra con el primer negocio, no ahorran ni invierten, todo lo postergan, *"mejor mañana",* se dicen y nunca lo hacen. No cometas ese grave error.

Tu mejor momento es AHORA. Tal vez nunca haya un después. No lo desaproveches.

~~

¿QUÉ APRENDERÁS?

Vamos a ver lo básico, empezaremos desde el inicio, para que puedas emprender desde cero con una idea sólida. Todos nos dicen: ¡Quédate en casa! Y es lo que harás. Realizaras el trabajo en tu casa ahorrando gastos, y armarás la logística, la página web o una tienda virtual con tus productos o servicios. Vas a entender lo que buscan los compradores, la necesidad de poder comunicarse contigo, hacer los pedidos con comodidad, pagar con un sistema confiable y seguro, tercerizar los servicios de entrega con motorizados o camiones y la importancia de la actitud positiva. Lo fundamental te lo enseña la experiencia.

Leerás testimonios de emprendedores y aprenderás que brindar una buena atención a tus usuarios y clientes crea lealtad. Serán clientes que usarán tus servicios y comprarán tus productos una y otra vez. Nunca olvides que, en negocios, la primera impresión es la que vale y que el cliente es tu amigo. Por eso debes esmerarte en hacerlo todo bien desde el principio. Tu proyecto no vas a estar exento de dificultades, pero si perseveras, tienes fe, crees en tu capacidad, vas por la vida con la mentalidad de un triunfador, te instruyes y te esfuerzas, es muy posible que consigas resultados extraordinarios y te sorprendas. Podrás tener un negocio rentable y generar dinero trabajando desde tu casa.

He visto cómo el mundo ha evolucionado en estos pocos meses, más que en años y corremos el riesgo de quedarnos atrás, estancados, si nos dormimos.

Tenemos la maravillosa oportunidad de crear nuestros propios negocios, crecer y no depender de ninguna empresa. No es tiempo para dejar car los brazos y sentir lástima por la situación que estamos viviendo, sino de esforzarnos, sacar lo mejor de nosotros y arriesgarnos a hacer las cosas nuevas, diferentes y generar algo bueno para nuestras familias.

Como tú, estoy pasando una terrible cuarentena, y me percato de muchos que viven con temor a un futuro incierto y que el mundo como lo conocemos, incluyendo la forma como hacemos negocios, ha cambiado, y nunca será el mismo.

Están cerrando tiendas, almacenes, industrias y grandes empresas, que no han podido adaptarse. El desempleo se va a disparar por los aires y podrías ser parte de estas estadísticas. Leí que en España en los últimos dos meses se han perdido 133,757 empresas. No quiero imaginar los otros países.

Están surgiendo por doquier innovadores que no les temen a los cambios y los ven como una "oportunidad" y los aprovechan. Saben que el futuro es ahora y no es momento de esperar "a ver qué pasa", actúan y lo hacen ya. En este momento, hay empresas que para sobrevivir se reinventan y digitalizan, usando las herramientas que les da la tecnología, con una página web, catálogos en línea. Saben que el cliente, en este momento también es digital, no sale de su casa y todo lo comprará, servicios y productos, a través de páginas digitales. El cliente se vuelve experto al momento de filtrar páginas y empresas por su credibilidad y servicio. Muchas personas que han perdido sus empleos se han vuelto creativas y trabajan desde sus casas brindando servicios innovadores, cursos digitales, ofreciendo productos a través de las redes sociales.

Es un hecho, la mayoría está cambiando, migrando de un modelo estandarizado al comercio digital o e-commerce para vender sus productos o servicios.

Me gustaría con este libro, decirte que todo saldrá bien, darte unas palabras de aliento, mostrarte lo que otros han hecho para salir adelante y darte la certeza que no es imposible emprender en tiempos de crisis, que también tú puedes hacerlo.

Es conocido el refrán: *"De las crisis nacen las oportunidades"*.

Este libro trata de emprendimiento desde cero, explicando lo básico, lo más sencillo y cómo hacer negocios mientras otros cierran sus empresas y dejan cesantes a miles de colaboradores.

Hay tres fundamentos básicos que sustentan este libro de crecimiento personal:

1. Todos podemos ser emprendedores, no importa la edad o tu experiencia. Te mostraremos lo básico, para que empieces.

2. Los modelos de negocios están cambiando rápidamente con nuevas herramientas digitales y el apogeo del comercio electrónico o e-commerce: *"un sistema de compra y venta de productos y servicios que utiliza Internet como herramienta principal"*.

3. Puedes aprovechar estas herramientas digitales y si no las conoces, dedica tiempo a estudiarlas y aprender. Debes adaptarte a los nuevos modelos que están surgiendo para hacer negocios, porque los consumidores han cambiado sus hábitos de consumo.

Para descubrir el secreto del éxito en tiempos de dificultad, entrevisté a muchos emprendedores, personas extraordinarias, con visión, que se han reinventado para poder sobrevivir. Les hice dos preguntas fundamentales: "¿Cómo lo hicieron?" y "¿qué consejos prácticos nos pueden brindar para iniciar un emprendimiento?" Sus palabras van a ser de gran inspiración para ti. Casi todos coincidían en esto: *"Diferénciate del resto, de tu competencia. Muchos querrán imitar tu negocio. Vuélvete un experto en lo que haces. Sé el mejor.*

Ten pasión por lo que haces. Brinda el mejor servicio que puedas y una buena experiencia de compra." Conozco cientos de personas que a diario se quejan de sus trabajos por esta Pandemia, otros trabajan haciendo algo que no les gusta ni lo disfrutan y por las tardes llegan a sus casas molestos, disgustados, para quejarse por un mal día y verse obligados a malgastar sus vidas sin sentido. ¿Eres uno de ellos? ¿Te quejas que el salario no te alcanza? ¿Qué tal si aprovechas estos días para trabajar en lo que en verdad te apasiona? Imagina que logres crear un modelo de negocios rentable, que lleves con pasión y entusiasmo. ¿No te parece que vale la pena dedicarle unas horas al día? Mira a tu alrededor, hay tantas oportunidades a tu alcance, frente a ti. Ahora piensa: "¿Qué me gustaría hacer? ¿Es una oportunidad de negocios? ¿puedo lograr que sea rentable y me dé beneficios económicos?" Recuerda, no sólo debes y puedes hacer un negocio, tiene que ser rentable y gustarte. No todo es dinero, también hay pasión, vida, y familia, tenlo en cuenta.

En todas las crisis mundiales, hay personas que se han arruinado y muchas otras han sobresalido y se han vuelto millonarias. Todo está en la visión que tú tengas y en saber aprovechar las oportunidades que se presentan.

Debes estar pendiente de las oportunidades que pasan frente a ti y estar preparado para tomarlas.

En este libro vamos a hablar de lo básico en la forma de generar negocios desde tu casa para que sean rentables, las oportunidades que puedes aprovechar y el emprendimiento disponible, no importa tu experiencia previa o tu edad. Lo explicamos en un lenguaje coloquial, sencillo, al alcance de todos. Te voy a mostrar cómo puedes dar el primer paso y lo que vas a necesitar. Te lo explicaré desde cero, como un día me lo explicaron a mí. El resto dependerá de ti. Leeremos testimonios verdaderos de personas que se atrevieron a innovar y cambiar su forma de ver el mundo y conquistaron sus sueños. Te dirán cómo lo hicieron y te explicarán por qué también tú puedes lograrlo.

Hay un proverbio chino que dice: *"El mejor momento para plantar un árbol fue hace veinte años. El segundo mejor momento es ahora".*

Hay una realidad.
Nadie lo hará por ti.

QUÉ ES UN EMPRENDEDOR

El emprendedor está siempre motivado para ver una oportunidad de negocios y aprovecharla.

Hay muchas definiciones. Según Wikipedia "Un **emprendedor** es una persona que diseña, lanza y pone en funcionamiento un negocio, partiendo de una innovación". Sin embargo, también existen emprendedores dentro de organizaciones y empresas y las ayudan a surgir y triunfar. Vamos a hablar de aquél que se decide a crear su negocio y hacer realidad sus sueños.

Existen varias clases de emprendedores. El emprendedor nato es aquél que nació con ese gen en su sangre, desde niño está buscando formas de generar dinero, constantemente está buscando qué hacer, cómo crear negocios rentables, dónde encuentra nuevas oportunidades de negocios. Sus cualidades:

- Es una persona inquieta de ideas, con iniciativa.
- Posee una gran confianza en sí mismo.

- No teme correr riesgos. Y de hecho los toma con frecuencia.
- Sabe que, si pierde, siempre tendrá otra oportunidad.
- Es paciente para esperar algo mejor.
- Tiene liderazgo. Permanece al mando de su destino.
- Controla su tiempo y lo hace productivo.
- Estudia, hasta volverse un experto en lo que hace.
- Tiene criterio y carácter para tomar decisiones.
- Siempre está estudiando.
- Aprende de los mejores hasta ser el mejor en su campo.
- No se rinde fácilmente, no desiste ante las dificultades.
- Se establece metas.
- Crea vínculos con las personas.
- Se compromete con su proyecto.
- Busca nuevas oportunidades.
- Sabe cómo empezar desde cero buscando el éxito financiero, y lo hará las veces que necesite hacerlo.

También está el emprendedor que lo es por necesidad, aquél que de repente se queda sin trabajo, pero no permanece con los brazos cruzados. Esta Pandemia los ha despertado con "la necesidad". Necesitan dinero y salen a ver qué hacen, cómo lo consiguen. La necesidad los obliga a crear nuevos emprendimientos y ser creativos. Hemos visto en esta Pandemia del Coronavirus cantidad de casos de personas que no sabían que tenían esa capacidad de emprendimiento y de reinventarse.

Un empresario amigo me cuenta de algunos colaboradores que trabajaban con él, y no ha podido mantenerlos como estaban acostumbrados, en su empresa. La necesidad los ha obligado a reinventarse y buscar nuevos caminos. Uno aprendió a reparar celulares por YouTube y ahora está reparando celulares, otros que en algún momento sabían de repostería están usando sus conocimientos para vender repostería en línea, otros han desarrollados sus artes culinarias naturales, con alimentos de diferentes y venden arepas, postres, etc. Algunos se han dedicado a lo que hacen mejor que es vender y crearon sus propias tiendas de Internet.

Han conseguido productos localmente para revender y se han organizado para tener quién entregue los productos en las residencias de los que los compran. A los otros, esta necesidad les ha permitido descubrir que tienen la capacidad para ser emprendedores.

El encerramiento de esta Pandemia les ha permitido tener el tiempo para meditar y pensar en alternativas. Un amigo tiene su negocio parado por la Pandemia, es un emprendedor y ahora se dedica a distribuir productos nuevos, reinventándose. Algo que nunca imaginó.

Todo emprendimiento nace de algún tipo de necesidad, como el que desarrolló, por ejemplo, las plantillas para el dolor de pies o el que desarrolló un ingenioso dispositivo para no roncar. Ahora tengo que sentarme y analizar. En el país donde vivo, ¿cuáles son las necesidades más apremiantes en este momento? ¿Cuáles con mis conocimientos puedo solucionar? El emprendimiento es seguir intentando, nunca dejarse vencer por los fracasos y continuar buscando ideas de negocios, problemas que puedo resolver o necesidades que puedo suplir con un producto o un servicio.

Las personas que son emprendedores natos, emprendedores naturales, toda su vida están haciendo negocios, despiertan almuerzan, cenan y se duermen pensando en nuevos negocios que puedan hacer. Prácticamente olfatean un buen negocio cuando lo ven pasar frente a ellos. Saben que las oportunidades se pierden con facilidad y hay que aprovecharlas en el momento

Este emprendedor nato es el que por naturaleza tiene esa capacidad. Pasa casi toda su vida buscando algún tipo de emprendimiento que pueda desarrollar o en la que pueda invertir de que le produzca un ingreso y pueda vivir de eso porque a esa persona no le gusta trabajar para nadie, le agrada ser independiente. Esa persona pasa luchando toda su vida por lograr un emprendimiento que le permita vivir con comodidad y lo haga millonario. **Es alguien que piensa en grande.**

Hay otro grupo, personas que tienen miedo al futuro y a emprender y por eso trabajan para otras personas. Esto no es malo, tienen una seguridad económica. Lo que pasa es que en situaciones como las que estamos viviendo con la Pandemia, esa seguridad se ha perdido.

Todo ha cambiado. Les cuesta adaptarse. Y si no saben cómo generar dinero, nunca lo han intentado, o peor, **_temen intentarlo_**, van a pasar un mal rato. Desanimados, gastarán el dinero que ahorraron, desperdiciarán su tiempo libre frente a un televisor, sintiendo lástima de sí mismos, quejándose, pensando que lo mejor será esperar a que esto pase y vuelva la normalidad a "ver qué pasa". Muchos terminarán siendo emprendedores por necesidad. ¿Estás en ese grupo? No te inquietes. A ellos también les va bien una vez que se adaptan a los nuevos cambios.

Estos son tiempos de oportunidades, no de quedarse cómodos en un sofá viendo series de televisión, esperando bonos del Gobierno o que retorne una *normalidad* que no va a volver. Puedes reinventarte y convertirte en un emprendedor y tener solvencia económica, no depender de nadie.

Te va a costar más porque no estás acostumbrado, pero no es imposible lograrlo. Puedes hacerlo. Estoy convencido porque era como tú y lo he conseguido. Aprendí que *la necesidad es la madre de la invención.*

EL ÉXITO EN TUS MANOS

2:30 p.m.

Estaba sentado frente al ordenador, escribiendo estas líneas y se me antojó un helado. De estar en una empresa tendría que esperar la hora de salida. Pero no tengo horarios fijos, yo mismo determino lo que hago o debo hacer, y me dije: "No tengo jefes, puedo salir si lo deseo". Apagué el ordenador, tomé el auto y me fui a una heladería. Mientras conducía recordé cuando estaba en una empresa trabajando y no podía darme esto pequeños gustos. Esta es una de las ventajas de no trabajar para nadie. Si deseo me tomo un café con los amigos, o me voy al parque a disfrutar un rato la naturaleza. Para mí, ésta es la mejor definición del éxito... *Ser feliz con lo que haces.* Me estacioné para comerme mi helado, mientras pensaba: "¡Qué sabroso! ¡Esto es vida!"

El tiempo que tienes es un regalo que Dios te da. Ahora que tengo mi empresa, quiero aprovecharlo, hacer cosas memorables. La vida es muy corta, eso lo aprendes con los años.

Debes aprovechar cada día, que sea productivo, que te sientas a gusto y feliz con lo que lograste.

Planifica tu día.

* Busca nuevos emprendimientos.
* Haz un listado de posibles clientes en Internet.
* Estudia cómo mejorar tu producto.
* Revisa tus ventas y cobros.

Sobre todo, pregúntate qué nuevos proyectos puedes crear con lo que ahora sabes. Los días se van tan rápido que casi no los sientes, Y hacemos tan poco. Cada día debe ser de provecho. Hay que lograr que sean días perfectos, en los que logres tus metas. Aquí te dejamos algunas aptitudes interesantes, las que empleo a diario. Son efectivas e impulsan mi emprendimiento, me ayudan a continuar.

1. **Constancia.** Es la determinación de lograr tus objetivos. Sin ella no lograrás tus objetivos. La constancia te permite perseverar y conseguir tus metas. Para triunfar en cualquier campo, debes ser constante y caminar con la mirada puesta en tu meta.

Una mañana de julio atravesaba el portal de una empresa innovadora que tiene su sede en los Estados Unidos. Tenía una cita con uno de sus gerentes. Llevaba un portafolio bajo el brazo con diseños e ilustraciones. Iba a presentarle algunas ideas para conocer su opinión como experto en esos temas. Nos reunimos en un gran salón, somos él y yo.

—Sufro del tabique desviando— le dije—. Trabajo en una empresa que vende equipos industriales.

Y le expliqué:

—Las cajas llegan selladas con zuncho plástico. Un día vi que tenían memoria, doblas la tira de plástico y tienden a regresar a su estado antiguo. Se me ocurrió cortar trocitos delgados, poner una curita encima y pegar la curita a mi nariz. Era algo muy sencillo, tracción por la física elemental de los zunchos. El efecto fue mágico. Me abrió las fosas nasales y pude respirar como no lo hice en años. A partir de allí cada noche me colocaba mi invento en la nariz para oxigenar mi cuerpo.

Él me miraba interesado, no sé si vio el potencial que yo veía a mi invento. Tal vez le pareció demasiado simple

Me marché agradecido por el tiempo que le dedicaron en esa empresa, luego de presentarles otras ideas para innovaciones prácticas.

No fui constante, olvidé estas ideas por el trabajo cotidiano. Hoy sería millonario. Al tiempo otro inventor en los Estados Unidos patentaba y creaba un producto similar al mío. Tiras nasales y las llamó Breathe Right.

Enfoqué mal mi tiempo. Al día de hoy estoy creando otros inventos que solucionen un problema, buscando nuevas alternativas para vivir mejor, más cómodos.

2. **Autoestima.** Mi hermano Frank insiste en esto. Se equipara con la actitud. Una actitud positiva, una alta autoestima, son garantía del éxito.

Conozco un joven que es muy inteligente, pero no cree en sus capacidades. Se desgasta laborando para una empresa de tecnología cuando podría tener la suya. Le he preguntado por qué no se decide y hace algo para él. Su respuesta es que lleva muchos años en esa empresa y no se anima a cambiar.

3. **Reinventarse.** El mundo, por si no lo has notado avanza a pasos acelerados, si te quedas atrás te costará mucho mantener el ritmo. Debes reinventarte para ser más ágil, aceptar los cambios y asimilarlo, ser parte de ellos.

Con esta Pandemia tanto los bancos como algunas empresas se anuncian en las redes ofreciendo servicios digitales. Se dieron cuenta a tiempo y están modernizándose, creciendo, a pesar de la cuarentena por el coronavirus.

4. **Éxito.** ¿Qué es el éxito para ti? Pará mí, como autor y emprendedor el éxito no es tener más dinero, conquistar metas, emprender nuevos negocios. Esto es algo secundario. El éxito es ser feliz, tener con quién compartir. Emprender nuevos proyectos y conquistar tus metas es parte del trayecto que has de recorrer para ser plenamente feliz y sentirte satisfecho con la vida que llevas. Pero no es el fin principal. Son sólo un medio para conseguirlo.

5. **Herramientas.** Para cualquier trabajo necesitas herramientas. Tengo la mejor a mi disposición: El Internet.

Uso el buscador Google y escribo lo que me interese, cursos on line, productos que pueda ofrecer con mis libros, plataformas para ofrecerlos. Esto me da material para trabajar durante una semana.

Otras veces me siento a planificar nuevas estrategias. Me pregunto:

- ¿Dónde estoy en este momento?
- ¿Dónde quiero estar en cinco años?
- ¿Qué puedo mejorar?
- ¿Qué herramientas de Internet debo aprender a usar?

No tengo que crear nada nuevo, todo lo que necesito en este momento para llevar adelante mi empresa ya existe. Me parece que es el método de William Deming el que sugería: "Subirme a los hombros de los que lo han logrado". Antes que él se le atribuye esta frase a Isaac Newton: *"Si he logrado ver más lejos, ha sido porque he subido a hombros de gigantes."* Es lo que hago. Estudio esas empresas, leo sus historias, aprendo de ellos y arranco donde ellos están al día de hoy, aplicando lo mejor de sus estrategias.

El mundo vive días de oscuridad con esta Pandemia del Coronavirus, y todo lo que conocemos a nuestro alrededor ha cambiado. Es una crisis que también te brinda cientos de oportunidades, si sabes ver las oportunidades de negocios a tu alrededor.

A esta hora, por ejemplo, mi hijo menor está en su cuarto con el ordenador encendido, recibiendo clases virtuales por un maestro de su colegio. Los colegios, las empresas, la forma como vivimos ha cambiado, eso es innegable, y nada será igual. Hay muchas y grandes oportunidades esperando por personas con grandes ideas, emprendedoras que quieran tomarlas, domarlas, conquistarlas. Este es un momento único en la historia en que debemos y podemos hacer todo nuevo y mejor.

Lo fundamental, como en cualquier otro momento de tu vida es la actitud que decidas asumir. Tienes dos caminos, bajar los brazos y lamentarte, o luchar, ser un guerrero y enfrentar la adversidad siendo creativo, con carácter. Esto ya lo debes saber, una actitud derrotista te desarma, te desanima y te resta las fuerzas y entusiasmo que requieres para triunfar.

Hay peligros implícitos en vivir con una actitud negativa. Vives con estrés y éste, se sabe, te baja las defensas, afecta tu salud, tu estado de ánimo, te roba la motivación y te llena de ansiedad. Vives con depresión y ansiedad al pensar que no podrás salir adelante. Es un riesgo para ti, tu salud y tu familia. Sé que es inevitable para muchos estar desanimados. Conozco personas que al terminar la cuarentena volvieron a sus apartamentos para encontrar que les habían robado, otros reciben notificaciones de sus trabajos que van a percibir la mitad del salario, o que han prescindido de sus puestos, quedando cesantes. Algunos enfrentan la Pandemia con familiares hospitalizados. La verdad no es fácil lo que estamos pasando, por ello debemos sacar fuerzas de donde no tenemos, animarnos, empoderarnos y no dejar que el desánimo prospere en nuestros hogares

Mi hermano Frank cada día me lo repite: "El éxito es cuestión de actitud". Una actitud positiva, te inyecta positivismo, entusiasmo y te ayuda a enfrentar con alegría y fortaleza cualquier dificultad, por grande que sea. El carácter optimista es la clave para enfrentar la adversidad.

Mientras escribía este libro, conocí emprendedores, gente maravillosa, cuya actitud positiva te inspira a levantarte y empezar de nuevo cuantas veces sea necesario. Ellos perdieron el miedo a un futuro incierto, se reinventaron y están llevando adelante proyectos exitosos, negocios rentables en medio de esta Pandemia. Han empezado de cero sus empresas, algunos creando aplicaciones en Internet, ofreciendo servicios y productos, despachos y compra de mercancía. No hay límites a lo que puedes hacer con un poco de imaginación y deseos de triunfar. Es algo que también tú puedes hacer y está a tu alcance.

Busqué ejemplos, testimonios, positivos para poner en el libro. Experiencias reales que te ayuden e inspiren a surgir y emprender algo nuevo y puedas tener un futuro prometedor. Leerás vivencias extraordinarias que te demuestran que se puede salir adelante, surgir en medio de cualquier adversidad. A pesar de la mala situación que atraviesa el mundo, estoy convencido que puedes ser un emprendedor en tiempos de crisis, atrapar el éxito, hacerlo tuyo, reclamarlo, está disponible para ti, si quieres, y si tienes el coraje de enfrentar al mundo, para bien tuyo y de tu familia.

Tienes a tu alcance, para triunfar, algo que nuestros antepasados ni siquiera soñaron, las herramientas digitales. Mientras algunos se dedican a quejarse de la situación, a pasar el tiempo recostados en un sofá viendo las series de televisión, tú dale valor a tu tiempo y dedícate a emprender, a buscar alternativas a tu situación y ver cómo puedes sacar un negocio nuevo, rentable.

En base a mi experiencia haciendo lo que me apasiona y las vivencias de muchos emprendedores que entrevisté y que me enseñaron sus técnicas para surgir, decidí escribir este libro para ti. Es un libro de emprendimiento y crecimiento personal, sobre los beneficios de la actitud positiva y cómo saber aprovechar las oportunidades, en tiempos difíciles.

¿La clave? Perseverar. Nunca rendirse. Ser creativos. Aprender a ver las oportunidades y tener siempre una **actitud positiva y emprendedora.**

¿DEBO RENUNCIAR A MI TRABAJO ACTUAL?

Como te dije al Inicio, te voy a compartir estrategias para empezar desde cero y para que te vaya bien. Si ya estás trabajando no es necesario que dejes tu empleo, necesitas ese ingreso, consérvalo por el momento. Es fundamental que vayas creando una nueva fuente de ingresos como algo paralelo. No vivas conforme con lo que ganas ni abandones tu trabajo sin tener otro empleo, o una empresa propia que te rinda frutos. Es lo que se conoce como la Ley de Tarzán, no sueltas una liana hasta alcanzar otra porque si no te caes. Y el golpe es muy fuerte y duele. He visto a muchos cometer ese error y les ha salido caro.
Al ver que estas ganando más en tu propia empresa, que está generando suficientes ingresos casi sin darte cuenta vas a ir dedicándole más tiempo para hacerla crecer. Llega un Momento en que prefieres trabajar para tu empresa y sueltas amarras. Es un paso difícil, y debes sopesar tu entorno. Y tener la seguridad que te va a ir bien, y que pase lo que pase, no te vas a rendir. Vas a tener en tu mente ese "CHIP" de triunfador. Esto te da una tranquilidad única, maravillosa, que

debes conocer. Llega un momento en que tu negocio trabaja para ti, no tu para él y genera ingresos sin que te des cuenta, aunque no estés allí. Me pasa con mis libros que tengo a la venta en Amazon. Mientras estoy contigo escribiéndote, se están vendiendo en diferentes países del mundo e ingresan buenas ganancias para mí. ¡Es asombroso! ¡Hay que vivirlo! ¡Me encanta!

En este mundo fuimos "programados", educados para estudiar, obtener un diploma y trabajar para alguna empresa. Cada vez que alguien decide salirse de este patrón, lo ven como *un bicho raro*. Su comportamiento no va acorde a lo que hemos aprendido. "¿A éste qué le paso? ¿Se volvió loco? Se va a morir de hambre". A mí me lo dijeron muchas veces. No lo hacen por molestar, sino que se preocupan por ti. No comprenden que alguien tenga deseos de prosperar por su cuenta.

Es lo que llaman romper paradigmas, cambiar un comportamiento que nadie discute, que no nos atrevemos a modificar, porque "siempre ha sido así". Recuerdo cuando tomé la decisión de empezar esta aventura editorial. Al principio las cosas no iban bien.

Se requieren al menos dos años para que veas alguna ganancia y superes el punto de equilibrio, aquel en el que tus gastos son iguales a tus entradas.

Mis suegros, inquietos, me sentaron una noche en la sala de su casa.

— ¿Y cuándo piensa trabajar? — me preguntaron.

— Pero… ya estoy trabajando— respondí y los tranquilicé.

— Confíen que voy a salir adelante.

Terminaron con un:

— Recuerde que aún tiene hijos pequeños.

Soy de los que han vivido sujetos a diferentes paradigmas, con la mente condicionada. Tardé muchos años en cruzar esa línea, pero ahora que lo hice me di cuenta que tú mismo te limitas. Por eso no triunfas. Vives inconforme con lo que haces y recibes cada día. Te quejas por ese inmerecido salario, por el trato del jefe, porque estás en paro. Y no haces nada al respeto. Crees que nunca podría ser de otro modo. La rutina te desgasta, consume y absorbe tus fuerzas. Cuando te das cuenta, pasaron los años y tu vida también. ¿Por qué no tratas con algo diferente?

¿Qué puedes perder? Si estás trabajando, inicia alguna actividad paralela, sin dejar tu empleo. Piensa: "¿Qué se necesita a mi alrededor que yo pueda suplir?" Aprendes que lo primero es cruzar la línea que te atemoriza, romper ese paradigma de "no poder". Da el salto hacia esa tierra desconocida y maravillosa que siempre ha estado allí para ti, esperando que te animes. Es verdad, no es lo mismo arriesgarse a los 20 o 30 que a los 50 o 60. Tienes más oportunidades siendo joven. Si te va mal, puedes volver a intentarlo. Y si caes, te levantas. Pero, te repito, **NO HAY EDAD para empezar.** A mi edad fue más difícil. Tenía muy arraigado este concepto: "Estoy sin trabajo. Debo buscar un empleo". Y me atemorizaba pensar que *tal vez* podría hacer algo por mí mismo. No trabajar más para levantar la empresa de otro, sino hacerlo para mí. Después de todo, lo que entregas a la empresa en la que trabajas, es tu tiempo, y esto **es lo más valioso que posees**... tu propia vida.

Te dejo una señal importante. En este proceso de transformación... Nunca descuides a tu familia o tu relación con Dios. Son lo más importante que tienes.

¿PODRÉ VIVIR DE MI EMPRENDIMIENTO?

Hace dos días mi amigo William me telefoneó. Estuvimos conversando largo rato y al verme tan entusiasmado me dijo: "Trabajo en casa, pero me cuesta, ¿cómo lo haces tú?" Me vi estudiando largas horas en la noche, buscando en Internet las formas más efectivas para vender, hacer publicidad digital, crecer como emprendedor, hacer aportes a la sociedad y ayudar a las personas con mi producto. Comprendí al instante la importancia de prepararse bien antes de iniciar cualquier emprendimiento, estudiar todos sus aspectos. Volverte experto. Nuevamente debes preguntarte:

- ¿Cuánto tiempo que voy a emplear para arrancar el proyecto? (tu tiempo tiene un valor)
- ¿Qué productos o servicio voy a ofrecer?
- ¿En cuál nicho del mercado me voy a enfocar?
- ¿Qué redes sociales voy a usar para mercadear mi producto o servicio?

- ¿Cuánto dinero voy a invertir?
- ¿Necesito espacio para almacenar mis productos?
- ¿Cómo voy a cobrar?
- ¿Cómo voy a despachar?
- ¿Cómo voy a estar en contacto con mis clientes?

Me quedé reflexionando en su pregunta. Y me hice otras: ¿Vale la pena el esfuerzo? ¿Se puede trabajar en casa y ser exitoso? Yo elegí un segmento reducido de un mercado enorme. Y me he concentrado en él. El catálogo de Amazon tiene alrededor de 400 millones de productos, un millón de libros, y los míos, que son libros de crecimiento espiritual y personal. Me pregunté: ¿Podré vivir de este oficio como escritor?

Pocos lectores conocían mis libros, a pesar de estar asociado a una plataforma considerada la más grande librería digital del mundo. Tuve que aprender cómo vender en Amazon, a diagramar mis propios libros, subirlos en su portal, convertirlos a libros digitales e impresos y lo más importante, cómo cobrar las regalías de mis ventas.

Hoy vivo de este oficio gracias a Dios, a mi deseo de surgir y los estudios que realicé para dominar el tema y que estaba preparado cuando llegó el BOOM de los libros digitales durante esta Pandemia. Conoceremos otras personas que trabajan también en sus casas, emprendedores, sin jefes, ni horarios, pero con las mismas presiones que tienen todos: "El préstamo, la hipoteca, la escuela de sus hijos, la mensualidad del auto..." *¿Cómo lo hacen? ¿Cómo salen adelante?* Es lo que vamos a descubrir...

Trabajo en mi casa, puedo vivir de lo que hago y soy feliz haciéndolo, en realidad me apasiona hacer esto y hoy te compartiré mi secreto, cómo y por qué lo conseguí. Tengo un oficio muy antiguo, que ha creado mundos y personajes, y grandes relatos que han cultivado nuestra imaginación: *soy escritor.* Es algo curioso, hay personas que no lo ven como un trabajo y a menudo me preguntan: "Está bien, eres un escritor, pero, ¿en qué trabajas?" No logran comprender que los tiempos han evolucionado la vida laboral y que todo lo que requiero para generar dinero es mi ordenador portátil.

Casi a diario me llaman al teléfono móvil personas que desean que los ayude con sus libros y me preguntan: "Dónde está su oficina?" Les respondo en broma: "Donde sirvan un buen café y haya WIFI". Quedan confundidos sin comprender. En estos días mi oficina está en las redes sociales, desde las que nos comunicamos.

Siempre quise ser un escritor, pasar tiempo con mi imaginación, crear nuevos mundos, alentar la imaginación de mis lectores, pero antes nunca me atreví. Tenía miedo. Me dijeron que fracasaría, que no lo intentara, que los escritores se morían de hambre, que era un tonto y un pobre iluso. Una palabra que a menudo escuché fue: "Naif" que significa "ingenuo". Algo de razón tenían. Me faltaba lo esencial para salir adelante y en el camino lo conquisté, se llama: "Voluntad".

~~~

¿ESTÁS LISTO?

Empecé este libro una mañana de agosto en mi cuarto, sentado frente al alfeizar de mi ventana. Puedo ver la casa celeste de enfrente, los árboles de mango con sus hojas verdes, una construcción dos cuadras abajo. Me gusta mucho reflexionar en la vida, lo que he hecho y lo que haré con el tiempo que me queda por vivir.

Pienso en las palabras que mi hermano Frank suele decirme para incentivarme cada vez que enfrento un problema. Son tres secretos que te llevarán sin duda, al éxito. Me gustaría compartirlos contigo porque son edificantes.

1) **ACTITUD.** Todo depende de tu actitud. El triunfo y los fracasos. De una mala actitud solo cosechas tristeza, desgano, fracasos y soledad.

Mirando hacia atrás, después de haber recorrido con los años esta maravillosa vida te das cuenta que una actitud positiva fue la clave para triunfar en todo lo que emprendiste. Ese positivismo te brindó seguridad y no permitió que te rindieras ante la adversidad. Eres más fuerte de lo que piensas, solo que aún no te das cuenta.

DEBES TENER UNA ACTITUD DE TRIUNFADOR A PRUEBA DE CALAMIDADES, DESASTRES, DIFICULTADES.

SONRÍE, aunque no quieras ni tengas ánimo o no te sientas feliz. SONRÍE SIEMPRE. Tu actitud lo es todo.

Si vamos por la vida quejándonos por todo, tristes, sin ánimo para emprender nuevas empresas JAMÁS podremos salir adelante. Una persona con actitud negativa puede ganar un millón de dólares en la lotería y gracias a su actitud destructiva y su negativismo enfermizo, lo va a dilapidar. Ese dinero en lugar de invertirlo sabiamente, no le va a durar ni siquiera un año.

Al final quedará peor de como estaba antes de ganar ese dinero, va a estar hundido en sus fracasos. Esto es una triste realidad, mira a tu alrededor y verás muchos casos similares. Y es que cosechamos lo que sembramos.

Es una verdad de a puño, un axioma que no necesita ser probado: **La gente negativa NUNCA triunfa.**

2) DEBES SER **AGRADECIDO.**

Todos los días agradece a Dios por todos los beneficios que te da, *las gracias* innumerables que recibes. La vida es maravillosa a pesar las dificultades, una mala salud, o miles de problemas. Hay tanto por que agradecer y debes darte cuenta de ello. Imagina que una persona pasa ayudándote y no eres agradecido, qué ánimo tendrá para darte una mano, pasado un tiempo. "¿Para qué lo ayudo?" se dirá, "si es un mal agradecido". Cuidado que, con Dios, a pesar de tanto amor que nos brinda, nos pasa igual. A Él le encanta cuando lo buscamos con amor, agradecimiento y recta intención.

3) TIENES QUE **COMPARTIR**

Llegará un momento en que saldrás adelante, porque todo pasa y esto que hoy vives, con una actitud positiva seguro también pasará. Cuando te llegue el triunfo deberás compartir con los que no tienen o los que no saben cómo salir adelante Nunca le niegues NADA a alguien que te pide por amor, hambre o una necesidad. Y no hablamos solo de dinero. En la vida hay otros valores más importantes que la plata. Estamos hablando de compartir una sonrisa, una palabra de aliento, un abrazo, la esperanza.

Una vez llegues a la meta como emprendedor, vas a encontrar frente a ti diferentes caminos, nuevos retos y comprendes que hay cosas más importantes que acumular dinero, y que debes valorar: la vida misma que es un don, tu familia que te ama, el agradecimiento por tantas gracias recibidas. Y es cuando te sabes generoso, comprendes el fin del emprendimiento y empiezas a compartir con los menos afortunados tu fortuna y conocimientos.

~~

¿POR QUÉ NO LO HICE ANTES?

Te comprendo perfectamente, lo he vivido en varias ocasiones. He estado desempleado 7 veces, antes de iniciar mi emprendimiento y tener el coraje de tomar las riendas de mi futuro. Sientes que el mundo te ha caído encima. Lo pasé mal. Y aprendí que no es el fin, sino el inicio de nuevas oportunidades.

Este es el momento perfecto de inspirarte, buscar una idea que te haga brillar, algo se te va a ocurrir. Te aseguro que saldrás adelante si le pones ganas. Me tocó pasar este trago amargo antes de decidirme, reinventarme, salir de mi zona de confort, esforzarme y trabajar independiente.

¿Por qué no lo hice antes? No sabía que podía hacerlo. Además, me paralizaba el miedo. ¿Y si fracasaba y perdía mis pocos ahorros? Era una situación nueva para mí. No sabía cómo reaccionar. Un mentor, que me orientó me aseguró: "No tengas miedo. No hay mal que por bien no venga. Esto lo descubrirás con los años.". Y me di cuenta que el refrán era cierto. Mi experiencia fue gratificante.

Cada vez que quedaba en paro era porque algo mejor estaba por venir. Después de la segunda vez, me lo tomaba con calma. Sabía que de alguna forma era para mi bien. Y es que nos acostumbramos tanto a un trabajo que nos acomodamos y no hacemos nada más por nosotros, nos quedamos estancados, sin futuro, dependiendo de un salario mensual.

Hace poco estuve leyendo uno de mis diarios. Encontré estas notas interesantes de cuando estuve desempleado...

"He pasado unos meses sin trabajo. Es una época muy especial para mí. Una primavera espiritual que disfruto plenamente con mi familia. Dedico más tiempo a la oración, a profundizar en mi relación con Dios, y a conocerlo más.

Vivo más tranquilo y tengo tiempo para pensar en algo que pueda hacer con mis habilidades. También aprovecho para buscar un PROPOSITO y emprender nuevos proyectos. Por las mañanas, temprano me levanto y me acerco a la ventana del cuarto. Desde allí viendo las maravillas de la creación rezo y empiezo mi día con ilusión.

Luis Felipe de 4 años, ha interrumpido estos pensamientos. Llegó a mi lado y me abrazó con una amplia sonrisa. Se ha pintado un guante en las manos con un bolígrafo.

Quiere llamar mi atención y escribe estas palabras *kfjhd9k5esg7* con el teclado.

Hay que saber traducirlas. Seguramente dicen: *"Papá, deja de escribir. Quiero jugar contigo"*.

Por ahora dejaré de escribir. Me espera el amor de un niño, su abrazo, su sonrisa. Y un juego súper divertido, que no cambiaría por nada. Esto es lo maravilloso de vivir en familia. Sabes que vives por algo grande, y Dios que te acompaña y te ayuda."

~~~

BENEFICIOS

- Tienes *libertad.*
- Flexibilidad.
- Independencia.
- Horario propio.
- Trabajas sin jefes.
- Fijas metas propias.
- Generas tú el dinero que necesitas.
- Haces lo que *te apasiona.*
- Te sientes animado.
- Estás levantando algo propio.
- Compartes con tu familia tiempo de calidad.
- Te das pequeños gustos.
- Aprovechas más tus ratos libres.
- Trabajas en cualquier lugar, donde estés a gusto.

¿TE ATREVES?

No es fácil *perder tus miedos al fracaso*, sobre todo si tienes una familia y deudas, o si, como yo, eres una persona de cierta edad. Tienes un mundo maravilloso frente a ti, esperando para ser conquistado. Es tu gran oportunidad. ¿Vas a dejarla pasar? Es más sencillo empezar joven. Puedes equivocarte, fallar y vuelves a empezar, hasta que logras el éxito con uno de tus proyectos.

Mi familia depende de mí, pero esto no me impide soñar, ni tratar de llevar adelante mis sueños, luchar por mis metas, buscar nuevas aventuras y emprendimientos. Soy cuidadoso, estudio, planifico y desarrollo mis ideas. En mi caso, trabajé para ser un escritor y poder vivir de este oficio.

Empezamos con cuatro libros. Tuvieron una acogida estupenda y han superado las veinte ediciones continuas. Hoy son tantos los libros que no podemos hacerlos como antes. Los editamos con calidad de exportación y los tenemos en librerías y distribuidoras de varios países en América Latina.

Pero esto no ocurrió al azar. Planifiqué cada etapa del desarrollo y mercadeo de los libros igual que debes hacer con un proyector como emprendedor. No era un pasatiempo lo que preparaba, sino una forma de vida.

Muchas voces llegaron para recordarme que sería inútil mi esfuerzo, que mejor no lo intentara, que buscara trabajo en alguna empresa grande donde pudiera jubilarme a gusto. No los culpo, esa era su mentalidad, los entrenaron para ser colaboradores en una empresa.

Lo sé bien, era como ellos, hasta que algo en mí, una chispa, se activó y me motivó a buscar algo mejor, no un salario mensual, sino una empresa, un proyecto que fuese rentable y me permitiera vivir haciendo lo que tanto me apasiona.

~~

NUESTRO GRAN ENEMIGO

Solía pensar que nuestro mayor enemigo para triunfar era el miedo al fracaso. A mi edad, viendo lo que he logrado con mi emprendimiento, comprendo que estaba equivocado. Nuestro mayor enemigo es *la conformidad.*

Nos sentimos *conformes* con nuestro salario, con el tipo de vida que llevamos y hasta con un auto que constantemente se nos daña y del que nos quejamos, pero NADA HACEMOS para solucionar el problema. La conformidad es terrible para nuestro espíritu, lo doblega. Es como los elefantes entrenados, de pequeños les ponen una cadena en una de las patas. Trata desesperadamente de zafarse hasta que comprende que es inútil. Se acostumbra a la cadena y abandona el esfuerzo. De grande basta ponerle un pequeño cordel en una pata. Esto basta. No hará el más mínimo esfuerzo por liberarse.

Recuerdo una empresa distribuidora en la que entré a trabajar hace años. Una tarde, luego de revisar las ventas y cada ruta, me reuní con el dueño de la compañía para hacerle una propuesta y exponerle mis hallazgos.

"Hay un vendedor con una ruta estupenda que apenas la explota y puede dar mucho más. ¿Por qué no le ofrecemos una mejor comisión por cada venta para que se anime y venda más?"

"Tienes razón en decir que es una ruta mal trabajada. Puede y debe dar más, pero será con otro vendedor." Me miró debajo de sus gruesos lentes para leer, sonrió con picardía y me dijo: "Hagamos una apuesta. Te autorizo a subirle el porcentaje de su comisión de ventas. Y te aseguro que va a vender exactamente lo mismo, cada mes".

"¿Por qué dice eso?"

"Porque vive conforme con lo que gana. No necesita ni quiere más".

Acepté la apuesta y la perdí. El vendedor siguió vendiendo la misma cifra, mes tras mes, conforme con la vida que llevaba, sin querer complicarse por nada. ¡Fue increíble! Una gran lección aprendida.

~~

HAZ LO QUE TE APASIONA

¿Nos complicamos? Las metas cuando eres un emprendedor no te las asigna un jefe, y es que no tienes. ¿Te has dado cuenta? NO TIENES JEFE. Nadie está pendiente de ti, si llegaste o no al trabajo. Nadie te impulsa a continuar. A veces es la necesidad lo que te mueve a seguir adelante. Por eso debes buscar algo que te apasione. Que no te impulse sólo la necesidad, sino también la alegría. Hacer lo que te encanta es lo que le dará sentido a tu vida. Muchas veces trabajar desde la casa es sólo el primer paso. La mayoría que conozco terminan alquilando oficinas externas, comprando un terreno y edificando sus propias oficinas. Ves grandes empresas que empezaron en una habitación. Al crecer empiezan a contratar colaboradores, ya no pueden hacerlo solos, y es momento de salir de la casa.

Solía trabajar en una compañía familiar. Pasé unos meses ahogándome en deudas y hablé con Don Milton Henríquez, el propietario. Era una persona mayor, con la sabiduría que dan los años y además muy alegre. Le encantaba lo que hacía.

Una tarde lo vi en el estacionamiento del edificio y le dije: *"Necesito que me aumente salario. Debo diez mil dólares y no puedo dormir"*. Él sonrió, puso su mano sobre mi hombro y me respondió: *"No te preocupes. Nada pasa. Yo debo un millón de dólares y duermo muy bien"*. A los años, se lo conté a uno de sus hijos que también trabajaba en la empresa y ambos nos reímos a gusto por esta brillante respuesta. Fue innovador y consiguió crecer. Tenía una palabra que lo definía. La compartía con todos. Y en la empresa solía pegar carteles para animarnos. *Esa palabra era:*

"PERSISTENCIA"

La empresa creció mucho, pero él nunca perdió sus viejos hábitos y estaba pendiente de los más pequeños detalles. Recuerdo cierta tarde me mandó buscar. Bajé al estacionamiento donde me esperaba. Señaló el piso y me dijo indignado: *"Observa Claudio"*.
Sin saber lo que se refería pregunté:
"¿Qué debo ver?"
Me mostró una hoja de papel grande, hecha un puño, tirada en el suelo.

"¿Ves ese papel? Yo mismo lo coloque allí el lunes, para probar el trabajo de las jóvenes que asean la empresa. Nadie lo ha recogido en cuatro días. Significa que no están limpiando bien la empresa. Debes reunirnos y hablar con ellos".

En otra ocasión envió a contabilidad unas facturas sin fecha ni nombre para que se las pagaran de la Caja Menuda. A los días me llamó a su oficina, me las mostró junto al cheque cancelándolas y me explicó: "Observa estas facturas, no son de una empresa, tampoco son una compra, ni siquiera tienen nombre, yo las hice para verificar si en contabilidad están revisando los documentos que les llegan. Me las cancelaron con este cheque, solo porque soy yo. Esto jamás debe volver a ocurrir. Reúnete con ellos".

Era una persona que disfrutaba ayudando a todo el que podía. Y era generoso con todos. En su auto solía llevar cajas de leche y jugos y galletas para obsequiar a los niños de la calle cuando se le acercaban a pedirle algo. Solía pegarles calcomanías a los empaques de galletas con mensajes positivos, de optimismo, para que se animaran a estudiar y conquistaran sus sueños en la vida.

Le gustaba reunirnos en un gran salón una vez al mes para contarnos su vida. Hablaba de cuando inició la empresa tocando puertas, de casa en casa, para vender sus productos. Nos enseñó que para triunfar hay que perseverar, a pesar de las muchas dificultades.

Una vez nos dijo: "Jamás cierren las puertas de un banco porque están disgustados con ellos. Nunca saben cuándo tendrán que volver a pasar por esas puertas. Los bancos son los mejores socios, no molestan y solo piden que seamos puntuales con los pago".

~~

GRANDES PARADIGMAS

Vamos a romper paradigmas, a modificar la forma como hacemos las cosas por hábito o costumbre. Vivimos con patrones para todo. Nos han acostumbrado a que lo normal es trabajar para una empresa y nos quitan la posibilidad de crecer, soñar, ser idealistas, emprendedores y generar fuentes de trabajo. Recuerdo a un amigo que se indignó cuando le sugerí que dejara de buscar trabajo e hiciera algo por sí mismo. "Soy ingeniero", me respondió, "siempre he trabajo en una empresa. Necesito encontrar otra para seguir trabajando". Casi le pregunto: "¿Y por qué no la tuya?", pero callé, estaba seguro que no iba a comprender. Su mente estaba programada.

Pasamos nuestras vidas ayudando a otros a lograr sus sueños y olvidamos los nuestros. Con los años muchos adormecieron su espíritu emprendedor y ya nada quedaba de ello. Ser emprendedor es una actitud mental que puede crecer en ti. Te atreves a enfrentar tus temores, luchas contra esos paradigmas que tienes enquistados, metidos en ti, aferrados allí por años sin que puedas removerlos por tus temores naturales.

He conocido muchos emprendedores, y todos tienen algo en común: **son optimistas** y tienen determinación. Llega un momento en que no se dejan vencer por las dificultades, luchan por salir adelante, se vuelve creativos y son perseverantes.

Un emprendedor pasa la mayor parte del día pensando cómo hacer algo nuevo, generar otro negocio, sacar adelante su empresa. No tiene tiempo para quejarse, ni tener pensamientos negativos. Es una persona muy activa, alegre, llena de entusiasmo. El mundo le pertenece. Hace lo que le apasiona. Hay algo bueno que no te he contado, cuando arrancas y pones a funcionar tu negocio, la mente se agiliza, aprendes a reconocer nuevas oportunidades, posibles negocios, y como ya perdiste el miedo, te lanzas en pos de nuevas metas.

A diario doy gracias a Dios por permitirme hacer lo que me encanta, escribir, llevar esperanza con la palabra escrita y publicar libros de Crecimiento Espiritual y Personal. Me encanta vivir así. Dedico mis días a la oración, a mi familia y a escribir. Es lo que siempre quise. Tener esta libertad para hacer lo que me apasiona.

EL PODER DE LAS PALABRAS

Había en la empresa donde laboraba un antiguo cartel en el que se leía: "Esta empresa es de todos". La realidad es que era de todos en un sentido figurado. Era de ellos y me alegraba porque habían trabajado muy duro y se habían ganado todo lo que poseían, lo merecían por su esfuerzo. Pero no era mía, no era mi empresa. Yo quería algo similar y me dispuse a buscarlo.

Ellos eran gente buena y estaba aprendiendo mucho, ese conocimiento lo iba a aprovechar más adelante. Es lo más valioso que obtienes trabajando para una empresa, la experiencia, el conocimiento, el saber cómo se hacen las cosas. Aunque los dueños me trataban con mucha consideración y afecto, yo vivía insatisfecho. Siempre recibía la misma suma de dinero y NUNCA ALCANZABA, tampoco había posibilidades de tener un aumento de salario en los próximos años. Siempre era lo mismo, estaba en un círculo vicioso. A los pocos días de recibir mi paga, estaba viendo cómo me endeudaba con un préstamo bancario para hacer frente a los muchos gastos que me ahogaban: la comida, gasolina, el pago de la casa, la escolaridad de los niños... Necesitaba hacer algo diferente en mi vida. ¿Te ha pasado esto? Las deudas eran interminables aumentaban exponencialmente y el dinero estaba limitado a mi salario. No tenía forma de ganar más porque empezaba temprano a laborar y salía tarde y cansado, sin ánimos de emprender otro proyecto. Era un espiral en el que me hundía, un hueco sin fondo y no era feliz. Sientes dentro de ti mucho miedo pues le tememos a la incertidumbre, a los cambios, lo nuevo. "Es un riesgo que voy a tomar. ¿Y si sale mal?" Te preguntas aferrado a tu salario, sin conocer el nuevo mundo. "Es mejor un sueldo que estar en paro y no percibir nada", te dices. Tienes tantas dudas, acostumbrado a este tipo de vida. Sentí la necesidad de un cambio y debía ser radical, sin retorno, como los conquistadores que al llegar a América ordenaban quemar las naves para imprimir en los soldados una simple realidad, solo un camino a la vista. No había forma de volver y debían esforzarse para poder sobrevivir en este nuevo mundo.

Ocurrió que leí en el diario La Prensa una entrevista que le hacían a mi amigo Lali Carrizo. Narraba lo que hacía con su vida. Primero, que era feliz. Trabajaba en lo que más le gustaba, tocar la guitarra. Componía la música de los anuncios publicitarios. Trabajaba en casa. Se levantaba a la hora que deseaba, salía a tomar un café, saludaba a sus amigos y luego a trabajar en su casa. No tenía horarios, ni jefes, y le iba bien. Recuerdo que cuando leí su entrevista me dije: ***"Yo también quiero eso".*** Pero no tenía el valor o tal vez la suficiente confianza para atreverme y solar amarras. Debía buscar algo en lo que fuera bueno, que me gustara y luego, atreverme.

¿Ves el poder de la palabra? Unas palabras de aliento y aquí estoy, escribiendo este libro para ti. Haciendo lo que más disfruto. Para lograrlo tuve que vencer muchos paradigmas, sobre todo esas voces interiores que me decían: "No seas tonto, quédate tranquilo. No lo intentes. Tienes un trabajo seguro, estable, cualquiera sería feliz con algo así".

Me animé a dar el primer paso, el más difícil, cuando sueltas amarras y te lanzas a la gran aventura de tu vida, gracias al empuje que me dio mi esposa. Me brindó su apoyo y sobre todo me alentó a tratar. Era hora de intentarlo. La verdad tenía mucho miedo, con 4 hijos en el colegio, adeudaba la casa, deudas por doquier, y sentía que no estaba preparado. La vida empresarial es como un reloj de engranajes, un engranaje mueve al otro y así hacen girar las manecillas. Mi reloj, inmóvil por años, estaba oxidado, las manecillas pegadas.

¿Qué hacer? No se me ocurría ninguna idea productiva y pensaba: "¿Se puede ser productivo lejos de la seguridad de un trabajo estable?" Aprendí en el camino que **no hay edad para empezar.** Hay miles de casos de emprendedores que te pueden guiar, *lee sus vidas*, te mostrarán el camino. Es muy conocido el del Coronel Sanders (Harland David Sanders) quien luego de muchos fracasos en la vida, **a sus 60 años,** edad en que muchos nos estamos jubilando, inició su franquicia de pollos que lo hizo famoso en el mundo entero. Sabiendo esto, **no tenía derecho a desanimarme** ni escusas tontas, para no dar los primeros pasos hacia el éxito.

Para animarme preparé un espacio confortable y ordenado en un rincón de la casa, lo decoré a mi gusto, con buena iluminación, y al final invertí en un elemento esencial del que te hablaré más adelante y que parece un gasto superfluo, pero es fundamental: *"Un sillón muy cómodo"*. Parece algo insignificante, pero créeme, no lo es. Sentado en esa silla vas a pasar muchas horas y más te vale que sea cómoda y te sientas a gusto, por ello no escatimé en el precio al momento de comprarla. Fue la mejor inversión, ahora lo sé. He descubierto muchas cosas interesantes en el camino. Ahora me digo: "De haberlo sabido antes". Lo más valioso que aprendí lo dijo el cantautor Facundo Cabral: "Haz sólo lo que amas y serás feliz, y *el que hace* lo que ama, *está* benditamente *condenado al éxito"*.

Estoy seguro que tú tendrás éxito. Tengo tanto que contarte, lo esencial está en ti, no basta quejarse o vivir inconformes, hay que hacer algo al respecto y salir a buscar ese sueño que cambiará nuestras vidas. ¿Perdiste tu empleo? Me ha pasado tres veces y en cada ocasión me sentía como perdido, despistado, golpeado. Es difícil, lo sé, pero también es algo de lo que puedes sacar provecho si miras el otro lado de la moneda. Tienes frente a ti una gran oportunidad, única, maravillosa, no la pierdas. El mundo **te pone en camino**, porque estabas muy cómodo en lo que hacías, sin superarte, feliz con un trabajo cotidiano que era siempre lo mismo, uno y otro y otro día.

Siempre recuerdo una ejecutiva de un banco con una alta posición. Acudió a mí para que la entrevistara. Buscaba un nuevo trabajo. El que esta empresa podía ofrecerle era muy inferior al que ella estaba realizando, igual que el salario. "Lo acepto feliz", me dijo. No soportaba tener que hacer siempre lo mismo, sin posibilidades de un cambio. Y eso la estaba enfermando. ¿Tienes sueños por realizar? Estupendo. Toma valor, sé persistente y hazlo. Yo lo hice, no he sido el primero, muchos lo han logrado. Y estoy apenas en camino. Pero ha sido un trayecto estupendo.

Créeme, vale la pena. ¡ANÍMATE! Hoy soy una persona diferente, me siento libre y muy feliz.

Hago lo que *me apasiona* para vivir y con el horario que yo me impongo libremente. Escribí estas palabras en una cafetería bellísima. Tenía frente a mí un delicioso y aromático café que degustaba lentamente mientras conversaba con mi bella esposa y hacía estas pausas para contarte lo sabrosa que es la vida cuando eres independiente y trabajas para ti en aquello que te encanta.

Es una realidad, "trabajo" significa que cuesta, pero. cuando haces lo que te gusta para poder vivir, deja de ser trabajo, se convierte en pasión, por eso aumentan tus posibilidades de ser exitoso.

Puedo vivir de mi trabajo en casa y "vivir bien". Es maravilloso y estoy agradecido a Dios por ello. Todavía recuerdo cuando era empleado en alguna empresa y cada mañana mi mayor reto era ver cómo conseguía dinero para pagar los gastos del día porque la paga del salario nunca alcanzaba y vivíamos al límite de lo que podíamos. Era difícil vivir en esas condiciones. Me sentía molesto, disgustado, no estaba a gusto con la vida que llevaba.

A diferencia de aquello días de "empleado", mi actual preocupación de cada mañana es revisar mis ventas y los anuncios que he colocado, escribir nuevos libros y buscar una nueva cafetería para degustar como buen Barista que soy, un buen café. Me agrada ir con mi esposa. Conversamos y descanso antes de regresar a la casa para seguir trabajando. Solemos publicar en Facebook nuestras salidas. Las he titulado en broma: "El difícil oficio de un escritor".

Una amiga de mi esposa hace poco comentó, al ver las fotos de nuestras salidas: "Debí casarme con un escritor para poder pasaré tanto como ustedes". Ella seguro no conoce la historia detrás de estas deliciosas salidas. Yo te la contaré.

¿Ha cambiado mi vida desde que trabajo en casa? Ahora sé que con mi esfuerzo puedo obtener beneficios para mí familia y para mí, no para otra persona propietaria de una empresa. Sé que "sin sacrificio no habrá beneficio". Debes esforzarte y perseverar, no rendirte. Es como la vida misma. Para poder cosechar frutos de un árbol primero debes a arar el terreno, luego sembrar la semilla, abonarla, regarla con agua, y estar pendiente de su crecimiento para poderla a tiempo. En los negocios personales ocurre igual. No recibes beneficios del aire, de la nada, o la lotería o la buena suerte. Esas cosas nunca ocurren.

La vida se compone de escalones, pasos que debes dar para llegar a tu meta. Puedes hacerlo de dos formas, como *un perdedor* o un **triunfador,** como una persona triste, o una feliz y exitosa. **Todo es cuestión de actitud**. ¿La buena noticia? ¡Vale la pena! Es genial poder generar el dinero que quieres con tu esfuerzo y trabajo, con la tranquilidad de saber que tiene la capacidad para ligar lo que te propongas. Han transcurrido 10 años, desde que publiqué este libro.

Miles de lectores lo leyeron mejorando su calidad de vida. Espero que con la nueva información que voy a compartirles, los "secretos" que he descubierto a lo largo del camino, puedas mejorar tu calidad de vida y tengas más tiempo para compartir con tu familia.

Hace poco mi hermano me compartió la historia de una anciana que iba a vivir en un hogar para personas mayores. Cuando la llevaban a conocer su habitación comentó: "Me encanta". La enfermera le dijo: "Pero usted aún no conoce su cuarto, ¿cómo le puede gustar?" La respuesta fue contundente: "En la vida puedes decidir muchas cosas, yo he decidido ser feliz, que todo me guste y me sienta conforme donde vaya, que nada me inquiete. Sé que tengo dificultades para moverme por mi edad, y soy feliz pensando en las cosas que aún puedo hacer. Olvido mis limitaciones pues me conducirían al desosiego. Es una decisión propia, personal, algo de actitud".

Reescribí este libro para ti, con nuevos e increíbles testimonios e historias de personas que lograron ser exitosas por su actitud positiva, que han conquistado sus sueños al perder el temor al fracaso. Lo escribo con la experiencia que antes no tenía, feliz de poder ayudarte en algo. Estoy seguro que te será de gran ayuda y aliento para que perseveres. ¡Ánimo!

~~

LA CLAVE PARA EMPRENDER

Espera, hagamos un alto. ¿Te atreves a pensar qué puedes hacer por ti mismo sin depender de nadie más? ¿Te gustaría generar suficiente dinero para mejorar tu calidad de vida? Aunque no lo creas todo es cuestión de actitud y conocimientos. Debes transformar esa actitud negativa: *"todo me sale mal, no puedo, es muy difícil"* por una positiva: ***"Lo voy a lograr"***.

Lo primero para emprender es tener una mentalidad positiva, debes estar empoderado, ser optimista, creer que puedes y pensar a largo plazo. Un emprendedor me aconsejó una vez: "No gastes tu dinero, inviértelo". Le pedí un ejemplo. Y me señaló mi coche nuevo. "Tu auto nuevo solo con salir de la agencia pierde un 20% de su valor. Yo compro autos de segunda en buen estado, me ahorro una buena cantidad de dinero y ese sobrante lo invierto en mi negocio. Cuando me entra dinero y voy a gastarlo me pregunto si ese bien lo necesito, si aportará algún valor a mi vida o mi empresa. Me doy mis gustos, por supuesto, pero no despilfarro gastándolo todo tan pronto me llega. Hay que saber ahorrar e invertir.

Con el tiempo comprarás autos nuevos, casas nuevas, porque estarás en una mejor posición económica y podrás darte esos gustos".

Una vez leí la clave para emprender con tu dinero. 1/3 lo ahorras, 1/3 lo gastas en lo que necesites o quieras tener o necesites para vivir y 1/3 lo inviertes en tu negocio. ¿Sabes cuál es la diferencia entre gasto e inversión? Cuando gastas desembolsas una suma de dinero a cambio de un bien, algo que estás comprando, una pecera, un televisor. Inversión es cuando desembolsas y te retorna el dinero con un beneficio, o te sirve para emprender como un ordenador.

Hace 10 años publiqué por primera vez este libro de autoayuda y emprendimiento, que hoy tienes en tus manos. El mundo era otra cosa. Internet no había evolucionado tanto. Muchas de sus partes perdieron vigencia y las eliminé, como se elimina en la vida lo que nos atrasa. E incorporé nuevos capítulos, actualizados a la nueva era que estamos viviendo en el mundo.

En esos días había perdido nuevamente mi empleo y al ver que los recursos que tenía empezaban a desaparecer y que ninguna empresa me contrataba debido a mi edad, me vi en la necesidad de hacer algo al respecto. Tenía que sobrevivir. nació así el deseo de ser un emprendedor, "por necesidad". Y decidí trabajar desde mi casa, generar dinero y esperanza para mi familia. Haría algo que me entusiasmaba y a la vez generaría dinero. No me rendiría ante la adversidad. Anoté mis fracasos y triunfos, los caminos acertados, las conversaciones con personas exitosas que lograron triunfar en condiciones similares a las que yo estaba enfrentando. No era el único al que le pasaba esto de quedar en paro, ni sería el último. **Así es la vida cuando dependes de una empresa que no es tuya.** Estás siempre expuesto a perderlo todo. Tenía muchas anotaciones de fracasos y triunfos, y decidí compartirlas contigo. Quiero decirte que se puede, que todo pasa y esta calamidad que te impide progresas también pasará. En ese entonces sentí la necesidad de compartir lo que estaba viviendo y había aprendido al decidirme a salir adelante, no dejarme vencer y lo haría a través de mis publicaciones, libros con un lenguaje sencillo, narrando experiencias cotidianas. Quise lanzarme a una gran aventura, dedicarme a mi propia empresa, trabajar en casa para mí.

Había aprendido mucho, a golpes, como decimos en mi país y logré salir adelante. A pesar de los malos augurios de personas que me desanimaban y me invitaban a rendirme y volver a trabajar en una empresa donde tendría seguridad monetaria y podría mantener a mi familia sin mayores problemas, hice lo que para muchos era una completa locura. Había tomado una decisión y no daría marcha atrás.

Quería ser un emprendedor. Tenía un sueño y quería tocarlo, conquistarlo, hacerlo realidad. Era mi oportunidad, no tendría otra. Sería mi propio jefe y trabajaría en casa levantando una empresa familiar.

Ya sabía lo que quería hacer. Tenía una idea que podía funcionar. ¿Cómo empezar? Lo primero que hice fue buscar personas que estaban donde yo quería estar y les pregunté cómo lo hicieron, les pedí sus consejos. Esto fue de gran valor y aun atesoro sus palabras y motivaciones. Me ayudaron a darme cuenta que se puede, que yo podía. Y eso no hay forma de pagarlo. Es lo fundamental antes de empezar. Positivismo. Caminar con la certeza del triunfo.

¿Me fue bien al principio? No. La realidad es que me fue muy mal. No estaba "programado" para ser un emprendedor y valerme por mí mismo. Siempre cargaba un chaleco salvavidas, esperaba que alguna empresa me contratara en caso que me fuera mal y como quien nada en dos aguas diferentes, seguí enviando mis hojas de vida, como un seguro en caso de no lograr lo que anhelaba.

Casi pierdo la casa. Y muchas noches pensé en rendirme, en abandonarlo todo. "Esto no es para mí", me decía desanimado. Acostumbrado toda mi vida a laborar para diferentes compañías sin preocuparme por recibir mi paga, esto resultaba insólito. El dinero no estaba asegurado, no habría más salario ni vacaciones pagadas. De cuando en cuando dudaba, tenía miedo.

¿Qué sería de mi vida? Con todos estos temores encima, no me eché para atrás, decidí persistir, seguir adelante. El temor de hacer algo nuevo, como la adversidad, debe ser vencido. Y aquí estoy, *feliz* de haber tomado esa decisión que cambiaría vida para siempre.

"Todo parte de una idea".

(Elías Manopla)

PALABRAS DE ALIENTO

Hace unos días hablé con Lali Carrizo, amigo y emprendedor nato y le pedí que me compartiera aquellas palabras de aliento que tanto bien me hicieron e impulsaron mi carrera cuando más lo necesité. Te las comparto, anótalas, guárdalas y cuando te sientas decaído, perdido o sin ganas de continuar, léelas, son fruto de una vida dedicada a conquistar sueños.

- No existe nada mejor que ser tu propio jefe. Trabajar para ti mismo te dará libertad y responsabilidad.

- Todo lo que necesitas ya existe dentro de ti. Date tiempo de descubrir tus herramientas. Conócete.

- Tus ideas son tan grandes como crees. Pero debes pulirlas con trabajo y perseverancia.

- Igual que los brillantes surgen del carbón, poco a poco verás cómo tras tus esfuerzos surgen ideas geniales.

- Cuida tu pasión por el trabajo. Aliméntala,

es el fuego y combustible que te hará sobrepasar momentos que pensaste insalvables.

- Sigue tu corazón por más difícil que parezca tu camino. **El corazón no se equivoca**.

- Dale todo tu esfuerzo, tu tiempo, y tu decisión a tu negocio. Como cualquier cosecha, será el resultado de lo que le inviertas. Del tamaño de tu esfuerzo, así será tu cosecha.

~~

CAPÍTULO TRES

CÓMO EMPEZAR DESDE CERO

Si piensas que no puedes, jamás podrás. Si crees que puedes, tu éxito estará a la vista.

¿CÓMO EMPEZAR?

¿Cómo hacer un emprendimiento que nunca antes has hecho?

En una situación en que no tengo que comer, debo buscar la manera de generar ingresos. Necesito aprender rápido a emprender.

- Me relajo primero.
- Busco cuáles son mis dones y talentos.
- Pienso qué es lo mejor que yo hago.
- Qué cosas he aprendido en mi vida que me puedan servir en este momento.
- Hago un listado de posibilidades.

Por ejemplo, preparar dulces, hacer algún tipo de manualidades, dar charlas motivadoras. Debo buscar internamente mis cualidades, preguntarme qué es lo que yo sé hacer que sirva para cubrir una necesidad actual de mercado. Entonces me organizo y busco cómo suplir esa necesidad. Allí empieza el negocio. Todo está en tener el deseo, en que te guste, sientas pasión por lo que haces y en la necesidad. Si combinas estas tres cosas vas a tener la clave del éxito.

¿Buscas libertad financiera y nuevas fuentes de ingresos? Debes generar rentabilidad.
Fundamentos para empezar desde cero.

- Debes ser optimista. ¡Empodérate!
- Vas a comprometerte con tu proyecto. Debes dedicarle tiempo. No pierdas el enfoque.
- Busca un problema que puedas solucionar, pregúntate qué falta, qué se necesita, qué están buscando las personas en este momento. Será tu nicho de mercado. Leí sobre este joven que se hizo millonario comprando mascarillas cubre bocas, al iniciar la Pandemia, para luego venderlas a las personas que desesperadas las estaban buscando. Vio un problema, una necesidad y una oportunidad.
- Los primeros clientes van a ser tus conocidos y amigos. Usa tus contactos y las redes sociales para hablarles de tus productos.
- No escuches aquellos que como "aves de mal agüero" te intimidan: "todo está mal. Vamos de mal en peor". Acércate a los

que te empoderan: "Tú puedes, lo sé. Todo saldrá bien".
- Vas a automatizar tu emprendimiento. Necesitas estudiar y aprender cómo hacerlo y saber qué plataforma usar para ofrecer y vender tus productos y poder cobrar tus ventas.
- Necesitas ser perseverante, ¿por qué? porque algunos van a fracasar en sus negocios y si tu paras porque fracasaste en tu primer intento nunca lo conseguirás. Si tienes una idea y la vas a desarrollar y te das cuenta que otro ya la tiene y no funciona, pues buscas otra, no te rindas ni te duermas. La clave está en perseverar.
- Ten varias ideas de negocios, si una falla podrás desarrollar las otras.

Recuerdo que, al empezar mi emprendimiento, del que ahora vivo con comodidad, visité emprendedores que estaban donde yo quería llegar.

Necesitaba aprender y qué mejores maestros que ellos. Uno me dio este consejo: "Los negocios son como las carreras de caballos. Salen varios a la vez. Ninguno se detiene. Uno indudablemente va a llegar primero, otro de segundo, otro de tercero…

Las ideas para emprender un negocio son iguales. Haz que avancen varias a la vez. Una de ellas llegará a la meta". Más adelante te explicaré en detalle su teoría para que la pongas en práctica. Yo lo hice y me funcionó de maravilla. Todavía estoy cosechando sus frutos, viendo que era posible y que valió la pena tanto esfuerzo, trabajo y dedicación.

~~

TIENES QUE PREPARARTE

Me di cuenta de mis errores cuando empecé a emprender, no podemos ser ingenuos. Debemos prepararnos. Nadie nos va a dar nada gratis, ni siquiera por lástima. Debemos ganarnos las cosas.

Hay que estar bien preparados, conocer lo que hacemos y dar lo mejor de nosotros mismos antes de empezar de cero. Si lo haces con entusiasmo, perseverancia y nunca te rindes, tendrás asegurado el éxito.

¿Será fácil? No.
¿Lo conseguirás de la noche a la mañana? No.
¿Valdrá la pena? Sí.

La perseverancia y pensar en grande es la clave. No buscas un negocio para vivir hoy, vas a crear uno que trabaje para ti, sea rentable y te de medios de invertir en otras empresas.

No te rindas.
Si yo pude, tú también.

Seguramente, como muchos emprendedores, no llegaste a estudiar Administración de Empresas. Tal vez trabajaste en una compañía y te enfocaste en un área definida como: contabilidad, cómputo, compras, recursos humanos o producción. Pero el concepto global te falta, nunca lo adquiriste. *No pasa nada.* La tecnología acude en tu auxilio. Tienes a Google, YouTube y otros. Vamos a asesorarnos. El conocimiento es fundamental. Debes tomarte un tiempo para estudiar. Antes de dar ese primer paso, de convertir tu idea en un negocio, es necesario que conozcas a fondo lo que vas a hacer.

Busca expertos, **mentores** que te ayuden, personas que empezaron de la nada y ahora son exitosos, pregúntales cómo lo hicieron, pídeles que te orienten. El consejo que casi todos te darán es muy sencillo: *"Haz lo que te gusta"*. Esto es importante porque vas a dedicarle tiempo, tal vez más del que le dedicabas a tu anterior trabajo y ganando mucho menos, al menos al principio. Pero también debes esforzarte y estudiar. No cometas los errores de los que fracasaron por falta de conocimientos, entusiasmo, brindaron un pésimo servicio, o no sabían cómo ofrecer sus productos, despacharlos y cobrar adecuadamente. Lo básico para empezar bien está en tus manos.

Entra en YouTube y busca: "Cómo empezar de cero un emprendimiento". Saldrán cientos de videos que te pueden orientar. Luego busca:

- Ideas para iniciar tu propio negocio.
- Cómo funciona una tienda en línea.
- Cómo puedo promover mi negocio digital.

En el camino irás encontrando otros conceptos tan interesantes y necesarios como los anteriores. Estúdialos. Yo suelo dedicar al estudio una hora diaria cada noche, buscando en Internet información sobre "qué servicios puedo ofrecer que me rindan ganancias", "cómo puedo ganar dinero por Internet" y mucho más.

Haz una búsqueda sencilla en Google. Te vas a sorprender. Luego, que tengas una idea que pueda funcionar y manejes los conceptos básicos para iniciar tu negocio vayamos al plato fuerte: *Tu producto o servicio*. Debes conocerlo mejor que nadie, ser un experto en el tema, esto te va a diferenciar del resto.

Ahora te pregunto: ¿Por qué lo escogiste? ¿Viste la necesidad? ¿Tu producto o servicio tiene demanda? ¿Se necesita? ¿Soluciona algún problema? ¿Ayudará a alguien? ¿Es necesario?

Si encuentras algo que las personas necesiten y puedes suplir esa necesidad tendrás un negocio en potencia.

Investiga, estudia, pregunta, averigua quien emprendió con éxito un negocio similar y cómo lo lograron. Debes conocer quiénes van a ser tus posibles clientes. Haz ruido. Habla de tu empresa, ponla en las redes sociales. Asóciate con algún infuencer que tenga muchos seguidores, esto te ahorrará el camino. Un emprendedor con el que trabajé solía decir: *"La gallina pone un huevo y en seguida lo cacarea"*. Rodéate de emprendedores, mentores, que puedan orientarte cada vez que enfrentes una duda, personas que hayan recorrido el camino que tú empiezas.

Conocí el dueño de una empresa, que empezó su vida empresarial visitando a los clientes de puerta en puerta. Les ofrecía sus productos. Con el tiempo dejó de trabajar desde su casa que tenía de oficina y bodega. Alquiló un local, luego compró el suyo propio. Actualmente tiene un edificio con más de 200 colaboradores. Una tarde me senté con él, le pregunté el secreto de su éxito y me explicó:

"Puedo no ser el más brillante, pero me rodeo de los más inteligentes. Ellos suplen lo que me falta, además siempre he sido persistente y conozco a mis clientes, los trato bien y cumplo con ellos, por eso nos va bien".

No vayas a la deriva. No dejes nada a la casualidad. Anota por las mañanas las 10 prioridades que tienes que hacer durante el día. Cúmplelas. Vas tachando cada renglón a medida que lo haces.

Ser emprendedor es una forma de vida. Vas a cambiar muchos paradigmas. Y es genial. Vivo de lo que hago, de mi esfuerzo.

~~~

IDEAS AL VUELO

- Todo empieza por una idea.
- Compártela con tus amigos.
- Aprovecha el Internet y las redes sociales.
- Busca un producto o un servicio que las personas necesiten.
- Crea una página en Internet, puedes iniciar con Instagram y Facebook.
- Estudia.
- Hazte un experto en tu producto.
- Pierde el miedo a emprender.

¿CÓMO PUEDO LOGRARLO?

Es la pregunta más frecuente. Un amigo recientemente me comentó: "Hay días en que no sé cómo arrancar". La verdad es que todo inicio cuesta, no es fácil. Acostumbrado a una rutina de trabajo, verme libre de ella me desconcentraba y a menudo no sabía qué hacer en el día. Cuando empecé a escribir era un soñador, armaba mis libros artesanalmente en casa. Me ayudaba mi familia. Eran largas horas escribiendo, diagramando y armando los libros, engrapando sus portadas. Recuerdo que terminaba tan cansado que me costaba levantarme al día siguiente. Nunca me pregunté si aquello tenía sentido. Era un sueño que se hacía tangible. Era lo único que pensaba. "No puedo rendirme".

Muchas personas no comprendieron lo que trataba de lograr y me preguntaban:
— ¿Cuándo vas a trabajar?
Yo sonreía y respondía:
— Estoy trabajando.
— Pero en una empresa.
— Tengo mi emprendimiento.
— Sí... pero un trabajo de verdad.

Vaya que me costó que confiaran en lo que estaba haciendo. Y les comprendo. Estamos acostumbrados a ver la vida desde la óptica de un trabajo seguro, un jefe, una casa hipotecada, una jubilación que apenas alcanza. Todo tan programado. Y yo la veía a mis 50 años desde una esquina diferente, trataba de romper paradigmas, hacer las cosas de otra manera, sería mi última gran oportunidad. Había perdido demasiado tiempo y ya no quería seguir así.

LAS PREGUNTAS QUE TE HARÁS

Las preguntas fundamentales, con que todo inicia son éstas:

Estoy sin trabajo. Tengo algunos ahorros. ¿Qué me gustaría hacer? ¿Cómo puedo invertirlos para que generen más dinero?

Luego vendrán otras: ¿Vas a ser un freelancer o un emprendedor? ¿Necesitas financiamiento para desarrollar tu proyecto? ¿Cómo lo vas a obtener? ¿Tienes un lugar en tu casa, iluminado, acogedor, que puedas usar? ¿Quiénes van a ser tus primeros clientes? ¿Has encontrado un nicho para vender?

¿Qué es lo básico?

- Una idea. Aquí empieza todo.
- Una necesidad que puedas suplir.
- Piensa en grande.
- No tengas miedo y actúa.
- Selecciona un nombre que empodere tu empresa e impacte al consumidor.
- Ten entusiasmo. Recuerda, la actitud lo es todo.

¿Qué voy a necesitar al inicio?

- Útiles de oficina.
- Un rincón de tu casa para trabajar.
- Un escritorio y una silla cómoda.
- Un teléfono móvil con un plan.
- Un ordenador con Office instalado.
- Conexión *"rápida"* a Internet.
- Disposición para estudiar y aprender, investigar y emprender.
- Debes saber cuánto vas a tener que invertir.

Hay dos términos que debes diferenciar: Freelancer y emprendedor. Freelancer es un independiente, una persona que presta servicios a terceros a cambio de una compensación previamente acordada. Evidentemente su trabajo es limitado pues exige su presencia. El día que tomen vacaciones o se enfermen dejarán de percibir ingresos. Estos son algunos ejemplos de sus trabajos:

- Diseño de páginas web.
- Redactor de contenidos.
- Corrección y levantamiento de textos.

El emprendedor, por el contrario, trasciende, va más allá de él mismo, busca crear un negocio que trabaje para él, que no necesite su presencia para continuar, que sea rentable dando empleos a colaboradores, ofreciendo productos y servicios.

A diferencia del freelancer cuyo trabajo depende de su presencia, un emprendedor crea una serie de empresas que no requieren que esté presente al 100%.

En ocasiones un freelancer pasa su vida haciendo trabajos que ofrecen en Internet en sitios como:

www.freelancer.es
www.workana.com
www.fiverr.com y otros.

A veces dan un paso trascendental, crecen y se convierten en emprendedores generando nuevas empresas. Un freelancer da clases particulares por Internet, un emprendedor tiene varios profesores dando clases virtuales en su colegio en línea.

Mi hermano Henry está muy entusiasmado con este proyecto, esperando que pueda ayudar a muchas personas. Él es uno de esos emprendedores natos, lo lleva en la sangre. Me envió este mensaje por WhatsApp, para ti. Te lo comparto: "Si quieres ser un emprendedor no puedes dejar que el miedo te venza, tienes que ganarle al miedo. Debes tener fe en tu idea, creer en ella y luchar para que tu idea funcione. Vas a enfrentar fracasos, y tener momentos en los cuales todo se irá al piso. No te dejes vencer. Si tienes fe y confianza que tu proyecto es una idea triunfadora, échale ganas, ponla a funcionar. Podrás intentar 10 o 15 emprendimientos, no importa cuántos hagas, lo importante es que insistas hasta que le pegues a uno y ese será tu gran éxito."

Lo fundamental al momento de emprender es generar ideas de posibles negocios que **sean rentables** y que sea una actividad que disfrutes hacer. Puedes ofrecer un producto o servicio. Te dejo una tarea. Toma una hoja de papel, un lapicero, siéntate, piensa en tus cualidades, lo que sabes hacer y anota 5 posibles emprendimientos que puedes desarrollar desde tu casa *en este momento*. Anota cada uno lo más detallado que puedas.

Debes saber...

- *¿Por qué elegiste ese producto o servicio?*
- *¿Has validado tu idea para hacer un negocio con tus amigos o emprendedores?*
- *¿Por qué le puede interesar a un cliente?*
- *¿Cómo puede mejorar su vida?*
- *¿Estás seguro que es rentable?*
- *¿Cuál es el problema que estás resolviendo con tu emprendimiento?*
- *¿A qué mercado te vas a enfocar?*
- *¿Cuál será tu estrategia de lanzamiento?*
- *¿Cómo piensas cerrar las ventas?*
- *¿Qué forma de entrega vas a elegir?*
- *¿Cómo van a pagar tu producto?*
- *¿Cómo vas a dar seguimiento a tus clientes?*

Amazon es el mejor ejemplo que puedo darte. Todo en ellos está diseñado para que la venta sea confortable, te enamores de un producto y quieras seguir comprando. Cada producto tiene:

- Fotos profesionales de **alta calidad**, del producto que ofrecen.
- El precio claro, a la vista, con varias opciones de compras similares.

- Los detalles del producto bien descritos.
- Enlaces a otros productos parecidos, para que compares.
- Reseñas de los compradores.

Cada vez que los visito en busca de un artículo y no compro, al día siguiente me envían un email con varias sugerencias "productos que podrían gustarme". Visita su página web y compruébalo. Por algo venden miles de millones al año. Y pensar que todo inició de una idea que un día se le ocurrió al fundador de Amazon. No importa si eliges para emprender un servicio o un producto. Si es un producto, estúdialo bien. Debes estar convencido que vale la pena ofrecerlo y venderlo. Te convertirás en un experto antes de lanzarlo. Sólo así podrás asesorar a tus clientes y diferenciarte de tu competencia. El concepto de lo que ofreces debe llegar al corazón de tus clientes. En mi caso, yo no vendo libros, ofrezco esperanza. Al principio me iba muy mal, no vendía ni un libro. Entonces recordé lo que una vez leí sobre el éxito de Japón después de la guerra, un país devastado que de pronto empieza a surgir. ¿Cómo lo hicieron? Fue muy sencillo… buscaron al mejor, alguien que sabía bien cómo salir de las crisis: William Edwards Deming. Y usaron el método Deming basado en 14 puntos de la calidad total, para superar su crisis. Deming creía mucho en la lealtad, la capacitación continua y el trabajo en equipo. Te recomiendo buscar en Internet información sobre los 14 principios de Deming, te va a encantar. Recordando esto pensé que, si no sabía vender, buscaría al mejor vendedor que yo conociera. Eso hice. Le expliqué mi problema y me enseñó cómo vender libros. Luego contacté una diseñadora gráfica experta en diagramar libros y diseñar portadas. Me enseñó las bases desde las que empecé a trabajar mis nuevas portadas. Estudié los testimonios de escritores que han tenido éxito vendiendo sus libros en Amazon. Ahora escribo mis libros, los diagramo, diseño sus portadas y los vendo en Amazon-. Es un trabajo en equipo, una editorial familiar. Con los cambios que estamos viendo a nuestro alrededor estamos abriendo una página en Facebook y en Instagram para empezar a ofrecer los libros. Antes de poner a funcionar mi editorial, validé mi idea de emprendimiento, para saber si era viable, si podría vivir de esto, haciendo una exhaustiva investigación, hablando con dueños de librerías y escritores.

No es tan difícil como parece. Piensa en tus cualidades. Saca provecho de ellas.

CAPÍTULO CUATRO

CASOS DE LA VIDA REAL

Hazte experto.

Eso te diferenciará del resto que se dediquen a lo mismo.

LOS MEJORES CONSEJOS PARA EMPRENDEDORES

Le pedimos a Elías Manopla, fundador de empresas exitosas y experto en el uso de las herramientas digitales, que nos diera sus mejores consejos, aprendidos con la experiencia.

Debían ser prácticos, para los emprendedores y para aquellos que están considerando emprender y vender sus productos o servicios en una tienda en línea. Son consejos inspiradores, te los comparto.

1. Empieza por algo que ya conozcas/manejes. El tiempo es oro y empezar de cero te puede desgastar antes de iniciar un camino que nunca es fácil.

2. Hazte experto en ello (estudia, lee, mira videos, etc.) Eso te diferenciará del resto que se dediquen a lo mismo.

3. Investiga, prueba, evalúa. Habla con gente de confianza que te dé su opinión objetiva sobre la idea/producto/servicio. Entre más validez mucho mejor, a veces el instinto puede ser traicionero.

4. Enfócate en las prioridades que te llevarán a la meta. Traza hitos que te acerquen y persigue cada uno de ellos, puede haber desvíos en el camino, pero el norte debe ser uno.

5. Prioriza las tareas, acorde a la velocidad que le pudieran imprimir a tú recorrido.

6. Una vez probado el modelo, operativo y rentable, entonces escala. Identifica todo aquello que te previene de masificar o crecer y encuentra maneras de optimizar o automatizar. A veces sumar gente a la misión es una buena opción, otras veces solo necesitas la herramienta correcta que te ayude escalar más rápido.

7. Asesórate y hazlo como debe ser. No pases por alto que estás creando un negocio y todo negocio conlleva responsabilidades legales y financieras. Aunque no te guste, necesitas entenderlo y cumplir con las reglas del juego. No dejes que el "Monopolio" de la vida te juegue una mala pasada.

Ahora leamos su testimonio como emprendedor, que estoy seguro te va a empoderar y motivar para que te animes a ser también a emprender un proyecto.

"ATRÉVETE A EMPRENDER CON HERRAMIENTAS DIGITALES"

Soy colombiano vivo hace más de 20 años en Panamá. Prácticamente toda mi carrera profesional la he hecho acá y actualmente soy fundador y director de dos emprendimientos 100% digitales.

Uno es Meat House qué es una tienda dedicada a la venta de productos, principalmente para hacer asado, 100% en línea de comercio electrónico y además una agencia dedicada a desarrollar e-commerce, canales digitales, para empresas y emprendedores que están interesados en iniciar en este mundo, específicamente con una plataforma puntual que se llama Shopify.

Hoy en día es la plataforma número uno de comercio electrónico a nivel mundial de la cual somos Partners.

Quiero hablarte de cómo llegué a este punto y darte consejos y mostrarte herramientas y plataformas que pudieras utilizar durante este proceso si tienes un proyecto de emprendimiento y deseas crear una tienda digital sin conocimientos técnicos y vas a vender en línea tus productos o servicios.

Voy a darles un panorama muy general porque definitivamente cada idea de negocios es diferente, cada modelo de negocio es distinto. Hay modelos de negocios pequeños que nacen en casa, y empresas ya constituidas con locales y tiendas físicas que también están entrando a éste a este modelo de negocios. Son modelos nuevos, entre comillas, porque llevan mucho tiempo a nivel mundial, creciendo.

En nuestra región el crecimiento del comercio electrónico iba un poco más lento de lo normal, sin embargo, esta esta situación presentó un cambio radical con canales alternativos digitales de comercialización y lo que antes era un algo lindo para tener como empresa o como empresario **se convirtió en una necesidad para poder crecer y ser exitosos.**

Hoy en día prácticamente todas las empresas, los comerciantes y en general los negocios están obligados a crear un departamento de comercio electrónico y marketing digital.

Mi carrera empieza estudiando Ingeniería de Sistemas. Era una carrera de tecnología y telecomunicaciones que seguí por 12 años. Yo estaba un poco cansado de este mundo e hice un alto porque sentía que me atraía mucho el tema comercial y de productos y de ventas directamente al público, e hice un salto radical hacia ventas al detal.

Tuve la oportunidad de trabajar en una cadena de retailer (venta al detalle) muy grande que se dedicaba principalmente a las tiendas de implementos deportivos y moda deportiva. Estando ahí dedicado específicamente al retail, literalmente trabajando con tiendas físicas, vendedores y productos, bodegas, etc. a los años se abrió la oportunidad de crear de cero un departamento de comercio electrónico y marketing digital. Era algo que estaba empezando a despertar en Panamá en un momento donde muchas empresas ni siquiera tenían redes sociales, bastará decir que Instagram no existía. Ese era otro tiempo, pero ya en la región, en Brasil y en Argentina se estaba empezando hablar mucho del comercio electrónico y había muchas empresas vendiendo y ganando mucho dinero, en línea.

Entonces se abre esta oportunidad dónde mi pasado tecnológico y mi experiencia actual, me dan la oportunidad de gerenciar y crear de cero este departamento de comercio electrónico y marketing digital. Luego pasé a trabajar en una televisora nacional como gerente de proyectos. Principalmente mi trabajo era usar todas las plataformas digitales del canal de televisión, el sitio web de noticias, el sitio web de la televisora. Luego regreso nuevamente al mundo del retail, esta vez en una cadena muy grande de Panamá donde el proyecto estrella era lanzar toda la plataforma de e-commerce de esta compañía. Era un reto grande porque tenía muchas particularidades, especialmente el tema de sistemas, inventario, etc. Esto me fue enfocando en este nuevo mundo.

Me empezó a apasionar del comercio electrónico, la transformación digital y en paralelo, durante mi estadía en esta empresa, empecé por mi lado este emprendimiento del que le hablé hace poco.

Ahora les contaré un poco más en detalle, lo que pueden hacer para convertirse en emprendedores exitosos usando las herramientas digitales.

Quiero pasar a una parte más práctica que teórica, para que la consideren todos los que están pensando en emprender e iniciar proyectos digitales. Como decía al inicio, todos los proyectos, todos los negocios, todos los modelos son diferentes, y **todos pueden ser digitalizados**; pero no todos se replican de la misma manera. Tampoco existe una guía universal de cómo emprender digitalmente.

Definitivamente hay un montón de caminos y a medida que evoluciona la tecnología se van abriendo más y más caminos. Hace un par de meses nadie hablaba de TikTok, una red social donde los usuarios suben video-selfies y ahora todas las grandes marcas quieren estar en TikTok. haciendo contenido en esta red. Y así va a ir evolucionando todo en el mundo digital.

***Enfócate** en las prioridades que te llevarán a la meta.*

LA IDEA DEL NEGOCIO

Lo primero que les quiero dar a considerar es la idea de un negocio. Todo parte de una idea, no importa si es digital o no digital.

Hay ideas de negocios que se centran en lo que uno va a ofrecer a su cliente, que puede ser desde un producto físico, un producto virtual o incluso un servicio. Y definitivamente cada uno tiene sus características y sus complejidades. Por ejemplo, en el caso de ofrecer un servicio, si soy experto o haciendo algo y *el producto soy yo*, el producto depende de mi tiempo y de mi *expertise*.

Hay que considerar no puedes vender infinito, siempre vas a estar atado a tu tiempo y a tu capacidad de entregar ese servicio. Digamos que fuera un servicio en el que tú tienes que ir a alguna casa, por ejemplo, eres educador y quieres empezar a dar un servicio de educación personalizada, toma en cuenta que de pronto dar una clase te toma una hora al día y trasladarte a la casa de ese cliente te toma 20 minutos. Entonces saca tu cuenta y verás que hay un límite de clientes y clases que puedes vender y atender en un día.

Todas estas son cosas que deben ser consideradas al inicio, para emprender un proyecto.

En mi caso, por ejemplo, de Meat House, había un tema de inventario físico, de capacidad y de control de inventario, que sigue habiendo hoy en día, y en el caso de Simplify que es mi agencia de e-commerce que nació, estando yo sólo, atendiendo, vendiendo y ayudando a clientes a desarrollar su proyecto, dependía 100% de mi tiempo y mi disponibilidad. Tomen eso siempre en cuenta, al final el tiempo de uno tiene precio, tiene capacidad y tiene límites.

Si no tuvieran una idea clara, de qué quieren emprender, saben que quieren hacer algo por su cuenta, pero no saben por dónde empezar o no tienen algo muy aterrizado; el mejor consejo que te puedo dar es que empiecen por lo que conocen. Empiecen por lo que por lo que han tenido experiencia a lo largo de su carrera.

Es mucho más fácil ampliar ese conocimiento previo que empezar algo de cero. Volvamos al ejemplo educador, si eres un educador de literatura, trata de volverte aún más experto en el tema de literatura y esto no necesariamente significa tomar otra vez una carrera, una maestría o un doctorado… significa dedicarle tiempo a leer a instruirse.

Existen muchos medios a tu alcance. Hoy en día en YouTube, por ejemplo, hay un montón de contenido gratuito que se pueda aprovechar. La gran diferencia entre ir simplemente, entrar y ver un vídeo, es que tú dedicas tiempo y enfocas tiempo a instruirte y aprender más y convertirte en un experto.

Hay un 95% o más de gente que no está haciendo lo que tú estás haciendo y eso automáticamente te diferencia del resto. Si tú tienes la capacidad de enfocar tu tiempo, especialmente ahora que estamos encerrados y puedes enfocar tu tiempo a aprender más, a estudiar más sobre eso que sabes y convertirte en un experto en la materia, vas a tener definitivamente una diferenciación sobre el resto. Algo más para tomar en cuenta es definitivamente a quién le vas a hablar, a quién le vas a ofrecer tu servicio, tu producto, quién es tu mercado. Trata siempre de enfocarte.

Muchas veces cuando uno va a empezar un negocio comete el error de tratar de ver el panorama en grande, es qué cantidad de Mercado puedo abarcar y a cuántos millones de personas puedo llegarle. Y eso se convierte a veces en contra, cuando uno quiere empezar.

Lo ideal es encontrar un nicho o un micro nicho, algo que de verdad puedas atacar, enfocar toda tu atención y tu esfuerzo a ese mercado específico al que le quiere llegar, en lugar de tratar de abarcar un universo demasiado grande.

~~

¿CÓMO TE DIFERENCIAS?

Analiza muy bien tu oferta de valor, qué es lo que va hacer tu servicio o producto diferente al resto. En mi caso por ejemplo con Meat House un día sale una carnicería nueva, todos los días hay carnicería nueva aparte de la que ya existían, pero yo tengo muy claro que me diferencia. Lo primero es la experiencia del usuario en mi plataforma digital, sigo entregando el mismo día no importa cuántos pedidos me entren, tengo un programa de lealtad que le da beneficios al cliente cada vez que compra y una serie de valor agregado que yo sé que me diferencian de los demás. Sé que tengo que seguir evolucionando para mantener la lealtad de los usuarios. En el caso de mi agencia de comercio electrónico, lo que me diferencia es que yo no sólo soy experto en e-commerce porque sé hacer tiendas en líena, sino porque tengo una tienda, he creado tiendas para otros clientes y aparte estoy enfocado 100% en una plataforma, no trato de usarlas todas. Trato de enfocarme siempre en una misma plataforma, de la que soy Partner y es la que le ofrezco a mis clientes.

Un ejemplo muy claro de eso es un cliente que tengo en mi agencia. Es una coach fitness. Probablemente cuando mencionó coach fitness se imaginarán que hoy en día todo el mundo es coach fitness, todo el mundo quiere dar cursos de cómo mejorar la figura, ofrecen dietas, etcétera. Pero ella solamente ofrece ejercicios funcionales usando una banda elástica y se enfoca en una parte del cuerpo puntual cuando se comunica, que es hacer crecer los glúteos. Éste es su enfoque y su mensaje muy claro es: "ejercicios saludables para mujeres con poco tiempo". Ese es su mercado.

Ella quiere llegarles a mujeres que salen todos los días a trabajar, que no tienen mucho tiempo y qué quieren llegar a su casa a ver un vídeo y hacer su rutina de ejercicios y sentir que hicieron ejercicio por el día. Este cliente, encontró esa oferta de valor y ese mercado, y a través de mi servicio lo llevó a un plano digital, dónde puede prácticamente vender su servicio mientras duerme, porque son cursos virtuales que ya tiene pregrabados. A través de una tienda en línea, las clientas a cualquier hora del día pueden accesar a comprar el curso.

Ella les envía en un día hábil las bandas que necesitan para hacer el curso y a partir de ahí, la clienta prácticamente se auto gestiona su servicio. Me parece un ejemplo bueno para enfocar un poco más la idea que les estaba dando sobre el emprendimiento y el uso de las herramientas digitales para hacer tiendas en línea.

Una vez que tengan su concepto del negocio y estén preparados para vender, deben tomar en cuenta que a medida que su negocio crece Asimismo se debe ir formalizando Emprendimiento pequeño o nuevo que están haciendo a veces desde la casa en el caso de Meat House, por ejemplo, cuando empezamos ni siquiera teníamos un local físico todo era virtual y dependíamos del local de nuestro proveedor principal pero el negocio siempre que empezó a crecer y con eso vino un tema de formalización. Mi tienda en línea de carnes Meat House inició como 100% enfocado a asados, pero a raíz de todo este tema de la Pandemia, ampliamos el catálogo de productos para abastecer un hogar y afortunadamente nuestra ventana y nuestra clientela se disparó y bueno, ahorita estamos sufriendo esta demanda.

El mejor consejo que les puedo dar, es que recorran el proceso completo en su mente o conversando con alguien de confianza.

Si cometemos el error de creer que lo que tenemos en mente va a funcionar a la perfección una vez que salga al Mercado, dejaremos pasar por alto muchas cosas que pudieron haberse corregido.

Es complicado, suena muy fácil, pero traten de separarse de su sueño y de su idea por un momento y póngase los zapatos del cliente y recorran paso a paso la idea que están a punto de ejecutar. Eso implica analizar producción en el caso digamos alguien que quiera hacer comida o postres en su casa. Para vender tiene que pensar en su capacidad de producción, insumos, qué tiempo le toma producir esos productos, etcétera o alguien que va a vender un producto físico necesita saber con qué capacidad cuenta, qué espacio tiene para almacenar este inventario, lo que le cuesta tener ese inventario, cómo va a entregar el inventario. En fin, hay una serie de detalles para analizar a lo largo de ese proceso.

Para finalizar nuestro proyecto, debemos ahora enfocarnos en lo digital y estudiar todas las plataformas y las oportunidades que nos brinda la tecnología hoy en día. Debemos saber sobre qué plataforma vamos a montar este negocio, sobre qué local virtual vamos a tener exhibida nuestras nuestra oferta y nuestro negocio.

~~~

Encuentra un nicho o un micro nicho, para que puedas enfocar toda tu atención y tu esfuerzo a ese mercado específico.

HERRAMIENTAS DIGITALES

Hoy en día hay una gran cantidad de plataformas y de opciones para empezar y hay múltiples ejemplos que le puedo dar como en el caso de Meat House, que como varios de mis clientes, está montado sobre una plataforma que se llama Shopify, pueden entrar después a Shopify.com para que la conozcan. Shopify es una plataforma de e-commerce y la razón por la cual yo la recomiendo y trabajo sobre Shopify es porque es una plataforma que está pensada para que el comerciante se pueda dedicar a vender más. Pero hay otras cosas a tener en cuenta. Mi hermano, por ejemplo, hace poco empezó un emprendimiento de hacer unos pines personalizados para regalar a bebés recién nacidos. No le montamos una tienda en línea porque él me dijo: "Prefiero arrancar únicamente por Instagram porque mi producto todavía es muy personalizado". Su manera de contacto es tener un link directamente a su WhatsApp donde él se comunica con sus clientes. Debes crear una página web donde explicas todos los servicios que ofreces y colocas un formulario de contacto para que la gente te pueda escribir y contactar.

Este es el ejemplo que les hablaba, de mi clienta que ofrece cursos virtuales de fitness enfocados 100% a mujeres. Ella tiene ahí muy bien explicada la oferta de valor y todo lo que ofrece y es una tienda digital que ofrece cursos virtuales.

Conozco una emprendedora que es abogada. Se dedica a vender contratos prefabricados para todo tipo de emprendedores, fotógrafos, diseñadores, etc. Ella encontró una audiencia y pudo digitalizar su conocimiento de Derecho en contratos prefabricados que la gente compra a través de una tienda en línea. Mientras ella duerme hay gente en Australia que le está comprando un contrato para poder personalizarlo para su negocio y utilizarlo en sus servicios. Estos son algunos ejemplos en términos de plataforma y de modelos de negocios digitales exitosos. Si ya estamos en una plataforma digital, lo ideal es quitar del medio cualquier tipo de fricción a la hora en que el cliente va a pagar porque justamente lo que queremos es cerrar lo más pronto posible la venta. Si no lo logras, vas a perder tu venta. Necesitas estudiar las plataformas de **pago virtuales** existentes y elegir la que más te convenga, debes lograr que, en tu negocio digital, pagar en línea sea sencillo, seguro y rápido.

EL REPARTO DEL PRODUCTO

Pensemos ahora que tienes que entregar el producto o el servicio, ¿cómo lo haces? Veamos el caso de una clienta mía que vende cursos virtuales. Ella tiene una integración donde una vez la persona le paga, automáticamente la plataforma donde se puede visualizar el curso, le hace llegar a ese cliente por correo electrónico un usuario y contraseña para tener acceso.

Tal vez estás pensando en una empresa donde sí hay que entregar un producto físico. Debes buscar diferentes plataformas que te permitan tercerizar la parte logística, la parte de última milla, sin tener que invertir mucho, digamos en moto o en choferes, carros etc. Lo importante es que cumplas lo que prometes y despaches a tiempo el producto.

Una vez que una persona se convierte en cliente, ya él se siente con derechos y tiene el derecho de comunicarse directamente contigo, en caso de tener un reclamo, una duda, una consulta. Entonces asegúrate de tener un canal sencillo, por donde vas a ofrecer esta comunicación.

Debe ser muy claro y bien estructurado y bien atendido. Por ejemplo, si fuera WhatsApp o si fuera mensaje directo a través de Instagram, un chat en vivo en la página web, lo que sé es que debes atenderlo y responder a tu cliente a tiempo. Nunca lo hagas esperar.

~~~

EL MERCADEO

La primera forma y probablemente el más efectivo de todos los métodos de mercadeo es sin duda alguna, el "boca a boca". Todos tenemos una lista de contactos en nuestro celular a los que les podemos llegar con un simple mensaje y familiares amigos conocidos para ofrecerles nuestros servicios y que ellos se conviertan en nuestro agente multiplicador. Aprovechen estos contactos. Para multiplicar su mensaje y que sea efectivo, abra sus redes sociales, abran su Instagram, su Facebook, etcétera. Asegúrese, si van a abrir una red social y la va a compartir, de que tenga la información relevante de ustedes y de su negocio, de que compartan contenido de valor. Más allá de los anuncios y de "cómprame", ofrezcan valor agregado, ofrezcan educación, conocimientos. Por ejemplo, en el caso de mi empresa, tenemos un blog donde compartimos recetas consejos, tips y novedades; específicamente del tema de cocina. Es un valor agregado disponible también para la gente que nunca nos ha comprado, es un contenido que está siempre vigente... Y que nos ayuda incluso a traer tráfico nuevo.

No sé si has visto cuando publican algo en Instagram y aparece de una vez un botón que dice "promocionar". Esa es una de las primeras opciones, las más sencillas, de amplificar un mensaje en redes sociales. Si ustedes aprietan ese botón Instagram les va a pedir que coloquen su tarjeta de crédito y que sigan una serie de pasos para que elijan la audiencia a la que le quieren amplificar ese mensaje o esa publicación y que definan un presupuesto.

Una vez hecho esto, automáticamente esa publicación va a empezar a aparecer en Instagram, por el tiempo que ustedes definan. Esa es la manera más fácil de empezar a hacer pauta pagada desde sus redes sociales. Es sin duda alguna la manera más sencilla y efectiva de amplificar un mensaje a diferencia los medios tradicionales que hoy conocemos como televisión, periódicos, etcétera, que lamentablemente no hay manera de medirla, a diferencia de la publicidad digital que sí tiene una trazabilidad y una manera de ser medida.

El mejor consejo que les quiero dar a todos los que leen este libro, esos que están pensando en emprender, es que **no le tenga miedo al fracaso.**

Lo principal que a uno lo frena es el miedo al fracaso, que yo también lo tuve y todavía lo sigo teniendo.

Cada vez que quiero emprender algo nuevo o lanzar algo nuevo, validen sus ideas con conocidos, gente de confianza que no les van a robar la idea, para recibir retroalimentación y ver si de verdad hay una oportunidad de Mercado y luego, atrévanse, láncense y salgan adelante. Debes saber que para que una idea realmente fracase tienes que haber agotado todos los recursos y sentirte que de verdad hiciste todo lo posible y todo tu esfuerzo para que esa idea desplegará.

A veces no estabas preparado para la idea que tenías porque era demasiado ambiciosa para desarrollarla en ese momento. Creo que de por sí la palabra fracaso es muy dramática para expresarse en cuanto al éxito de un negocio. Pero vamos, no te rindas fácilmente, antes hay un largo camino por recorrer, metas por conquistar, éxitos para disfrutar.

Los detalles son más importantes de lo que parecen.

POR ESO TE DOY UN CONSEJO:

Desarrolla la logística del reparto de tus productos. Debe ser eficiente y rápido. Es vital para tu negocio.

Y cuando presentes tus productos en la plataforma de ventas, cuida la imagen, usa fotos de calidad.

REINVENTANDO TU NEGOCIO
LA FOTOGRAFÍA

Mi nombre es Liz Pinto, soy fotógrafa desde el 2009, cuando empecé mi negocio a los 17 años. Me dedico a sesiones de fotos individuales y coberturas de bodas.

Mi trabajo, antes de la Pandemia, se desarrollaba en torno a varias sesiones (sobre todo de quinceañeras), en los días de semana. Los sábados estaban separados para bodas, mientras que mis cursos online los atendía en medio. Ahora las sesiones han sido suspendidas hasta nuevo aviso y las bodas me las cambiaron para el 2021.

Este detenimiento en las actividades supuso un gran cambio no solo logístico sino económico, ya que yo contaba con los ingresos de esos trabajos para los meses siguientes, pero ahora tengo que esperar prácticamente un año para poder recibirlos. Tampoco podemos recibir abonos, porque no podemos concretar nuevas fechas con los clientes potenciales, hasta que sepamos cuándo podremos volver a salir.

Sin embargo, gracias a Dios he ido desarrollando cursos y productos online desde el 2017, como una alternativa para todas las personas que desean aprender fotografía, desde cualquier parte del mundo. Esto ha ayudado a que siga recibiendo ingresos durante estos meses de cuarentena ya que la cantidad de estudiantes se ha multiplicado; muchos quieren aprovechar este tiempo en casa para mejorar su técnica y negocio.

La producción de álbumes para mis clientes pasados, venta de fotos adicionales de los trabajos que ya he hecho o las mentorías individuales, son otras alternativas que me generan ingresos en estos días. Generar productos físicos, como álbumes de fotos, es una buena opción para que los fotógrafos generen ingresos en este tiempo.

A pesar de lo que estamos pasando, debemos tener en cuenta que el arte ha sido escapatoria y un gran alivio para muchos en estas circunstancias. Entre tantas noticias desalentadoras, anima ver fotografías e ideas tan creativas, por lo que debemos considerarnos afortunados de tener este don que puede alejar el dolor por un momento.

Es importante tener en cuenta que la fotografía no es solamente hacer fotos en exteriores. Lo cierto es que podemos hacer grandes producciones estando en casa; todo es cuestión de creatividad y seguir activos compartiendo nuestro arte.

Aprovechemos este tiempo para aprender y perfeccionar esas cosas que muchas veces se dejan de lado y que son importantes para poder vivir de la fotografía (administración del negocio, el marketing, las finanzas, entre otros). Así, cuando pase todo, volveremos renovados y listos para los próximos clientes.

* * *

Te recomiendo seguir a Liz Pinto en las redes. Es una mujer inspiradora.

Web: www.lizpinto.net

Instagram: www.instagram.com/lizpinto10

YouTube: www.youtube.com/lizpinto10

*Dios te ha dado muchos talentos,
es hora de ponerlos a trabajar.*

CAPÍTULO CINCO

DEBES SABER ESTO
PARA PODER EMPRENDER

Hazlo ahora.

Tal vez nunca encuentres otra oportunidad de emprender y te vas a arrepentir el resto de tu vida.

TU EMPRENDIMIENTO

Mi hija Ana Belén tiene una amiga que hornea los dulces más ricos que puedas probar.

Les tomó algunas fotografías de calidad, escribió su historia con un buen contenido contando lo que la motivaba, copió algunos comentarios de sus clientes y lo subió todo a Instagram. Ahora no se da abasto con los pedidos que recibe por Internet. Mi hija es uno de sus clientes.

REGLA No. 1: Apoya siempre a tus amigos cuando inician sus negocios.

Para ser un emprendedor y trabajar desde tu casa, no necesitas colgar un diploma Universitario en tu pared para ser exitoso.

Un diploma ayuda mucho, es verdad, pero no por tenerlo, sino por lo que aprendiste. El conocimiento es algo que nadie te podrá quitar.

> Al que te diga que sin un diploma vas a fracasar…
>
> **No lo escuches.**
>
> **No es amigo tuyo.**

La experiencia que tienes en esta vida es un tesoro que debes aprovechar, por ello no dudes en hacer realidad tus ideas y generar recursos que tanto necesitas en tu casa. La vida es complicada pero también maravillosa. Te da siempre nuevas oportunidades, pero son cada vez menos, a medidas que las vas desaprovechando, por el temor o la conformidad, o la vida que llevas gastándola en un sofá, viendo series de televisión, quejándote por tu mala suerte.

Y si no te graduaste de una Universidad, no permitas que sea un obstáculo para tu emprendimiento, ¡puedes mucho! Debes intentarlo, no dejar que tus ideas se esfumen porque nunca te atreviste a probarlas. Siempre hay una que pega y te hace un emprendedor exitoso. Y si no lo crees, habla con personas que han conseguido el éxito empresarial, pídeles que te cuenten sus historias. Muchos te dirán que empezaron en casa, con una idea, y por necesidad. Busca un mentor que te oriente, alguien con experiencia en los negocios, y luego prueba algunas ideas de negocios.

Nunca es tarde para conquistar sueños.

TUS CLIENTES

Sin clientes no hay empresa. Puedes tener el mejor producto del mundo, el más práctico, útil, a un precio competitivo, pero si no tienes clientes, tu empresa quebrará. Una vez vi un cartel en una ferretería que decía: "Usted, amable cliente, es el gerente de esta empresa".

Dicen que es más fácil conseguir un cliente nuevo que recuperar uno perdido. Por eso las grandes corporaciones brindan seminarios sobre el "trato al público". Un cliente satisfecho siempre vuelve. El cliente lo es todo. Ya sea que lo trates directamente o a través de Internet. No puedes darte el lujo de perder un cliente por un mal producto o un pésimo servicio.

Debes cuidarlos, consentirlos.

Recuerdo una encuesta en la que preguntamos a los clientes lo que más les motivaba a comprar en la empresa donde laboraba. Era un almacén. Teníamos precios excelentes y pensé que sería el primer punto. Pero me equivoqué. El precio quedó de tercero.

Estos fueron los resultados:

1) Buen servicio.
2) Productos de calidad.
3) El precio.

El buen servicio incluye entregas rápidas y atención personalizada a tus consultas. A los clientes les encantaba venir al almacén porque las vendedoras siempre les recibían con una amplia sonrisa, eran amables, se notaba que les encantaba lo que hacían y a cada cliente lo llamaban por su nombre. Más que clientes, **eran personas** con nombres y apellidos. Esto es algo que todos sabemos: Un cliente satisfecho, siempre regresa. Les gustaba saber que en nuestro almacén los productos eran de calidad y que encontrarían todo lo que buscaban ahorrando tiempo y dinero. No tendrían que pasar la mañana de un lugar a otro. Por último, el precio. Teníamos buenos precios. Alguno escribió que no le importaba pagar más, siempre que mantuviéramos la calidad y el buen servicio. Debes acostumbrarte a pensar que no *vendes un producto,* le facilitas la vida a alguien. En mi caso, no ofrezco libros, abro puertas a nuevos mundos y posibilidades.

Hazte una pregunta: ¿Qué sitios frecuentas para comprar y por qué? Yo solía ir de compras a un pequeño local donde cuando entro la dependiente me sonríe amable y me dice: "Buen día señor Claudio, ¡Bienvenido!" A veces me he preguntado cómo hizo para aprenderse mi nombre. Tuvo esa delicadeza y siempre lo usa. Es sorprendente. Cuando voy sin Vida, mi esposa, me comenta con entusiasmo: *"Hoy no trajo a su esposa Vida. No olvide llevar el paquete de maní tostado que tanto le gusta".*

Crea una cultura de servicio en tu emprendimiento. Facilita la comunicación de tus clientes, que sepan cómo localizarte, deja en tu página web o tu tienda en línea, tus teléfonos y correos electrónicos. No demores en responder. Nada más molesto que la automatización de algunas empresas a las que llamas y pasada media hora logras hablar con alguien.

* *Llama* **a tus clientes,** *por sus nombres.* Para cada persona su nombre es lo más importante.

* Escúchalos *con atención.*
Que sientan cercanía contigo.

* *Si te equivocas...* reconócelo.

* No *los hagas esperar.*
  Sus reclamos atiéndelos en seguida.

* *Cumple lo que les prometes.*
  Nunca les mientas.

* *Siempre sonríe.*
  Trátalos como te encantaría que te traten.

Procura que siempre se hable bien de tu negocio. ¿Te ha pasado que mencionas un lugar, se escandalizan y te dicen que no vayas, porque el servicio es pésimo? Cuando empieces a ofrecer tus productos o servicios, cumple siempre, no ofrezcas algo que no puedes cumplir. Sé amable, cordial. Trata de conocer a tu cliente lo mejor que puedas. Escucha con atención para comprender sus necesidades, lo que esperan de tu empresa. Las referencias son muy importantes. Ponlas en tu página web, te ayudarán a conseguir nuevos clientes.

CÓMO LOGRAR QUE UN CLIENTE NO TE VUELVA A COMPRAR

- Publicidad engañosa.
- Altas expectativas del producto que no se cumplieron.
- Entrega tardía.
- Cobro de más.
- Productos defectuosos.
- Incumplimiento de las promesas al comprar.
- Un precio muy alto cuando puede comprobar que otros lo tienen mucho más barato.
- No dejar canales abiertos para que el cliente se comunique contigo.
- Mentir o engañar al cliente.
- Complicar la forma de pago.
- No explicar en detalle las cualidades y expectativas de cada producto.
- No tener una plataforma eficiente para cerrar la venta.

Te daré un ejemplo sencillo de cómo perder un cliente. Hay autos de una calidad extraordinaria, una marca reconocida y con precios accesible, pero la empresa que lo vende no da un buen servicio y las piezas son difíciles de conseguir en el mercado. ¿Comprarías esa marca de auto? Sólo ellos las venden a precios muy altos o tratan de engañarte. Se corre la voz. Por eso se vende muy poco esa marca.

El servicio al cliente es la base crear fidelidad del consumidor. Recuerdo una vez que me rompieron un vidrio templado del auto. Fui a la agencia, costaba original US$375.00 más la instalación. Me informaron que era difícil de conseguir y que solo les quedaba una unidad. Decidí averiguar por mi lado en otros proveedores. El primero al que fui me dijo que tenían suficientes, que costaba US$125.00 Antes de marcharme me detuvo el vendedor y me dijo: "Qué curioso, hace poco llamaron de la agencia de su auto y preguntaron si teníamos esa pieza. Nos pidieron que reserváramos una unidad para un cliente".

¿Te ha pasado? Vas a un restaurante. Pides un plato. No te sientes cómodo porque el plato no tiene buen sabor, no llena tus expectativas. Llamas al mesero, se lo lleva y te lo trae igual, con mala cara, molesto. O, por el contrario, el mesero se disculpa, se lleva tu plato y te lo trae recién preparado, fresco, llenado tus expectativas. ¿A cuál regresarías? El servicio es la clave para regresar o nunca volver.

El cliente es quien mantiene tu negocio. Trátalo con firmeza y con amabilidad. La percepción del servicio y de la buena calidad, hacen que las personas vuelvan a comprarte y crean fidelidad a tu empresa.

~~

TIPS PARA QUE UN CLIENTE TE VUELVA A COMPRAR

- Cumple siempre tu palabra.
- Llama al cliente por su nombre.
- Sé amable.
- Brinda siempre el mejor servicio que puedas.
- Debes ser un experto en tu producto y servicio, conocer los pros y contras.
- Ofrece buenos productos bien presentados, y una entrega rápida.
  Di siempre la verdad sobre el producto.
- No sobrepases las expectativas o infles el precio para vender.
- Muestra la cara al cliente y acepta cuando te equivocaste. Discúlpate sin demora y ofrece alternativas.
- Nunca engañes a un cliente.
- Da una buena garantía de tu producto.
- Ofrece formas de pago seguras que generen confianza.

Conozco una empresa familiar de galletas artesanales, hechas en casa. El dueño cuenta que hace algunos años perdió el trabajo, recordó las galletas caseras que hacía su abuela y empezó a hornearlas con la receta familiar. Primero las distribuía entre la familia y poco a poco fue ganando la confianza de sus clientes y consiguió colocarlas en áreas cercanas a las cajas registradoras de farmacias y supermercados. Estaba en una posición privilegiada de ventas que se conoce como área de "compras por impulso". Ha mantenido la calidad de su producto, no ha ahorrado los ingredientes.

Para aumentar sus ganancias brinda un buen producto a un precio justo y mantiene presencia en puntos de ventas que trabajan para él. Solía encontrarlo cuando despachaba sus productos a las farmacias y supermercados en los que yo iba a despachar mis libros. Pero todo cambió de un día a otro.

Con esta Pandemia y la cuarentena obligatoria se han reinventado y tienen presencia en las redes sociales. Utilizan con éxito el marketing digital o "E-Commerce" para darse a conocer y vender sus productos en diferentes plataformas como Instagram, Facebook, etc. en Internet.

Si los buscas verás que ofrecen las conocidas galletas caseras, desayunos completos, almuerzos variados, salsas y un sinfín de nuevos productos que te llevan a tu hogar, sin que tengas que salir de casa. No tienes siquiera que manejar efectivo, pagas con tu tarjeta de crédito. Mi hija es uno de sus clientes cautivos. Frente a mí, mientras escribo, tengo un paquete abierto de sus deliciosas galletas caseras y las estoy disfrutando. Como todo en la vida, la situación actual que estamos viviendo se coloca en una balanza.

Tiene muchas cosas negativas y otras positivas, como el poder compartir tiempo de calidad en familia, reestructurar las empresas, hacer nuevos negocios, antes insospechados repensar la vida.

Cuando podíamos salir me gustaba mucho ir por las mañanas a Starbucks a pedir una empanada caliente con un delicioso café. El vaso me lo entregan con mi nombre, *personalizado*, y una funda de cartón para que no te quemes. Esa funda, seguro la conoces, la creó un agente inmobiliario que un día pidió un café en un autoservicio, se le derramó el café mientras conducía y se quemó. Pensó mucho en una idea: "Cómo lograr que lleves tu café y sujetes el vaso sin quemarte". Su solución fue simple, no haría un vaso contra el calor, sino que crearía una funda de cartón que aislara el calor. Patentó su idea en 1995 con el nombre de "Java Jacket". Esta simple idea lo hizo millonario.

Conocí a un joven emprendedor que ha traído un contenedor cargado con gel alcoholado, mascarillas, guantes y otros productos de protección no se da abasto vendiéndolos en los barrios de clase media baja donde los despacha a domicilio.
Encontró un nicho para sus productos. Sé de otros emprendedores que dan servicios de encomiendas, el cual usamos casi a diario en casa para hacer pedidos a las farmacias y los supermercados, son los famosos *deliveries.*

Mi esposa revisa esta mañana los catálogos de diferentes empresas para realizar sus compras por Internet. Hoy, en medio de esta cuarentana, el emprendedor o la empresa que no tenga una página web, una tienda en línea o un catálogo digital, es difícil que pueda vender sus productos y sobrevivir.

Estoy convencido que cuando todo esto termine, esos nuevos hábitos de consumo se van a mantener en muchas personas. Tu tiempo es valioso y podrás emplearlo en asuntos de más valor, sin tener que salir a hacer el mercado, o comprar un bien, teniendo presente que la compra de bienes superfluos, nunca pasará de moda. Sabiendo esto, debes actualizarte y entrar en esta tendencia para crecer. Aprovecha las redes sociales, te ayudarán a llegar e interactuar con miles de personas en todo el mundo.

Emprender no se trata de pensar en ti mismo, con egoísmo, es aportar algo de valor a los demás, resolver sus problemas y a la vez que te ayude también a ti. En esta Pandemia pocos han podido salir por la cuarentena, surgieron emprendedores que te hacían el mercado y te lo llevaban a casa cobrando una comisión. Vieron tu dificultad y le buscaron una solución.

Si estás dispuesto a romper paradigmas, llegarás muy lejos.

Internet te ofrece una variedad enorme de lugares donde te orientan como emprendedor. En el blog de Shopify puedes encontrar orientación practica a emprendedores de comercio electrónico que buscan ideas de productos. Entra en este enlace:

www.shopify.com/blog/product-ideas

"La actitud es una pequeña cosa que marca una GRAN diferencia".

Winston Churchill

Sólo tú puedes lograrlo.

¿QUÉ DEBO HACER?

El conocimiento es poder. Lo primero es conocerte, tus fortalezas y dones, en qué eres bueno, qué te gusta hacer. Luego debes estudiar es qué hace falta en este momento, que necesitan las personas, qué están buscando. Luego, cuando lo encuentres, debes conocer todas las cualidades, ventajas y desventajas del producto o servicio que vas a ofrecer. Te vas a preguntar: "Por qué esa persona lo necesita? ¿Qué podría motivarlo a comprar lo que tengo para él? ¿Qué oferta irresistible puedo darle para que se anime a adquirirlo?"

Hay otros temas importantes que debes manejar. Estás creando un emprendimiento. Deberás saber:

- Cuánto dinero vas a necesitar.
- Qué inventario debes guardar.
- Cómo vas a entregar tu producto.
- Cómo te van a pagar tus clientes.
- Cómo vas a promover tu proyecto.

No te preocupes, no es tan difícil como parece. Puedes aprenderlo como hacen muchos empíricos, que conozco, usando Internet. YouTube es una gran herramienta para ello. Hay muchos cursos gratis virtuales. Yo los utilizo y me quedo estudiando todas las noches. También puedes acercarte a emprendedores que te ayuden.

Ahora vamos a lo más importante, lo fundamental, de lo que va a depender tu emprendimiento. Esto me lo enseñó mi hermano Henry que es un gran empresario. Una mañana me llamó aparte para comunicarme: "A partir de hoy nunca más volveré a trabajar para ninguna empresa". Me dejó de una pieza. ¿Cómo se atrevía si tenía un buen salario? El tiempo le dio la razón. Ha vivido intensamente creando nuevas empresas, generando ideas productivas y rentables, generando empleos.

La pregunta que te debes hacer es simple:

¿Qué vas a ofrecer y por qué?

Lo básico para empezar es una idea. Esa idea va a surgir de la observación. Ponla a prueba.

Pide opiniones, consulta. A tu alrededor te vas a dar cuenta de alguna necesidad, algo que puedes suplir. Todo negocio en casa comienza con una simple idea, o algo que viste o notaste, o una reflexión... una necesidad a tu alrededor. Recuerda, puede ser un bien o un servicio o incluso más... Es algo que vendes, o que haces por alguien.

Sin clientes no hay negocio.

LOS PUNTOS DE VENTAS

Va a llegar un momento y créeme, te acordarás de estas palabras, en que te sentirás atorado, que necesitas expandirte, crecer, llegar a más personas. Y los puntos de ventas son la clave de ese crecimiento. No tienes que pasarte la vida tocando de puerta en puerta. Los puntos de ventas lo harán por ti. Por eso debes poner cuidado cómo presentas tus productos, es lo que va a determinar si un cliente los compra o no. Debes estar pendiente de ordenarlos y abastecer con tiempo cada local. Los puntos de ventas están siendo reemplazados rápidamente por *tiendas virtuales* y páginas web donde los emprendedores ofrecen sus productos y servicios. Es un sistema genial porque son tiendas abiertas las 24 horas. Desde cualquier país del mundo un cliente entra, navega por tu tienda, coloca sus pedidos y paga. De allí la importancia de tener una tienda virtual en una plataforma que te permita presentar tus productos con visibilidad, descripciones de los mismos, precios y la posibilidad de pedir en las cantidades que desee y pagar con facilidad y rapidez. Mis libros están en diferentes puntos de venta.

Cada vez que paso a supervisarlos, me preocupo por ordenarlos, rellenar los muebles, verificar si están a la vista de los compradores, si los han maltratado o están sucios para cambiarlos, los rotos para que cambie su visibilidad y los ordeno combinando los colores de las portadas, para que sean más llamativos. Una amiga experta en mercadeo los vio en un supermercado y me recomendó:

"A veces un detalle, un cambio que parece insignificante hará la diferencia. Esto lo he comprobado cientos de veces. Observa dónde los colocaron y si no rotan trata de cambiarlos de lugar."

Es muy cierto lo que me dijo. Es algo que aprendí y lo había olvidado. Tenía 19 años cuando obtuve mi primer empleo. Fue en una cadena de almacenes por departamentos. Cada producto llevaba en su etiqueta el precio de venta, costo y una clave que te indicaba las unidades que llegaron a ese almacén y la fecha de llegada. Esto ayudaba mucho cuando hacías inventarios y podías conocer su rotación. Un día llegó el supervisor a mi almacén.

Yo apenas tenía unos días allí y era muy inexperto. Se acercó a unas toallas con bordados y estampados, muy bonitas, que coloqué en un pasillo.

—Señor de Castro— me preguntó, — ¿cómo le va con estas toallas?

Yo era un poco presuntuoso.

—Desde que llegué, todo vuela en este almacén. Se venden como pan caliente.

—Por favor verifique cuándo llegaron y cuántas se han vendido—, solicitó.

Tomé la etiqueta y pedí un inventario rápido.

—Llegaron hace tres meses…

— ¿Vendidas?

—Una.

—No se preocupe—, me respondió—. Mueva el exhibidor con las toallas hacia el lado derecho del pasillo y déjalas allí.

—No comprendo.

—Sólo hágalo, volveré en dos meses y veremos.

Dos meses después regresó. Fue directo a las toallas.

— ¿Y bien? — preguntó.

—No sé qué ha pasado—, repliqué. —He tenido que hacer dos pedidos adicionales porque todas se han vendido.

—No hay tal misterio —, dijo y sonrió con amabilidad, —Es muy sencillo. La mayoría de las personas son diestras y cuando caminan, involuntariamente miran hacia la derecha. Las toallas estaban a la izquierda del pasillo. Por eso, cuando lo clientes pasaban frente a ellas no las veían. No puedes vender un producto invisible, de estar al alcance del cliente.

Los puntos de ventas son una ayuda extraordinaria. Trabajan para ti. Tengo puntos de ventas físicos y otros que son virtuales, en la plataforma de Amazon y en mi página web de autor. Las ventanas donde muchos están mostrando sus productos con éxito ahora son virtuales. Son los nuevos puntos de ventas abiertos 2 horas al día.

* * *

"Necesito que mis ventas superen los costos, fijos y variables, para disponer de recursos y editar nuevos libros".

Esta frase la puse a propósito. Seguro pensaste: —Entiendo eso de los costos.

Esa era la idea. Ya sabes lo que es un costo, cuánto cuesta tu producto o servicio y sabes que debes tener un margen de ganancia. *¡Eso es fabuloso!*

* * *

Los puntos de ventas virtuales trabajan para ti.

Mientras estás en casa planificando el día o visitando nuevos clientes, tu producto está a la vista de todos, disponible en tu página web o tu tienda virtual o en lugares y almacenes. En este momento alguien compra uno de mis libros y yo me encuentro en casa escribiéndote estas líneas. Una empresaria me recomendó: *"Trabaja en tu casa. Ahorra. Deja que tu negocio te haga crecer".*

Cuando estoy preocupado porque las ventas locales van mal, mi esposa Vida suele abrazarme y me consuela recordándome: *"Tranquilo. Estás en Internet. El mundo es tu cliente".*

PALABRAS CLAVES

ACTITUD

Sé optimista.

* * *

PERSEVERANCIA

Nunca te rindas.

* * *

CONOCIMIENTO DEL PRODUCTO

Conviértete en un experto.

* * *

PASIÓN

Disfruta lo que haces.

UN CONSULTOR COMPARTE SU EXPERIENCIA

Josep María Amorós nos deja una fascinante historia de éxito, de la que podemos aprender. Fue consultor de la Coca Cola por 10 años, hasta que vio la oportunidad de hacer realidad sus sueños como emprendedor.

"Veo la incertidumbre como una oportunidad".

Logramos contactarlo para este libro y nos compartió 10 reflexiones que te ayudarán a lo largo de tu vida como emprendedora.

Su empresa se incorpora a la Economía de Comunión, lanzada por Chiara Lubich en 1991 en Sao Paulo (Brasil).

Básicamente creas una empresa con la "cultura del dar". Generas riqueza y trabajo, ayudas a los más necesitados y desarrollas una compañía exitosa y solidaria.

¿Por qué un consultor de una empresa tan importante como la Coca Cola se lanza a esta gran aventura de compartir?

"Vivo esta profesión emprendedora no para buscar un enriquecimiento, sino más bien como respuesta a una llamada personal a vivir el espíritu de comunión en el ámbito de la empresa, y esto también implica ser generoso ante múltiples situaciones".

Desde que iniciara su actual empresa, Josep María puso en práctica lo que ha bautizado como su "Decálogo del Emprendedor":

1. **Estar bien a nivel físico, mental, emocional y espiritual.**

Trato de dormir lo necesario, hacer deporte con regularidad y llevar una alimentación muy saludable para asegurar una vida sana.

2. **Si quieres ser emprendedor,** es buen criterio tratar de marcar las reglas del juego, pero implica y cuenta con la aportación de los demás.

Además, a mí me ayuda mucho compartir y contar con la experiencia de otros empresarios particularmente de la Economía de Comunión.

3. Es necesario construir un sistema que genere dinero.

Es fundamental tener un modelo de negocio que funcione.

4. **Tu sueldo** es lo que queda después de descontar los gastos de la empresa, tu aportación al fondo de la economía de comunión, el sueldo de las personas que trabajan para ti y el pago de impuestos.

5. **La empresa es un juego** donde a veces se gana y a veces se pierde, donde lo importante es no parar de jugar.

Éxito y fracaso van de la mano. Hay que aprender de las dificultades y salir reforzado de ellas.

6. **Cuida del negocio**, y el negocio cuidará de ti. No es buena idea servirse de la empresa para uso particular.

7. **Ante los problemas,** ten cintura y agudiza el ingenio.

No hay manuales con recetas infalibles, ni soluciones únicas o rápidas ante los problemas, ayuda mucho tener paciencia, saber analizar y crecer en las relaciones.

8. **Ser emprendedor implica una metamorfosis** de tu forma de pensar y de actuar.

Hay que cambiar el chip, estar abierto a la incertidumbre y asumir riesgos moderados, motivar al equipo y transmitir entusiasmo.

9. **Traza una estrategia** y ten una visión bastante clara de hacia dónde te gustaría llegar.

10. **Pero, sobre todo: Disfruta con tu trabajo** y promueve un ambiente profesional ordenado y organizado.

CAPÍTULO SEIS

LAS HERRAMIENTAS DIGITALES

El futuro es ahora y no espera por nadie.

LA TECNOLOGÍA

Debes aprender a usar las nuevas tecnologías. No te quedes atrás. Podrás promover tu negocio o producto efectivamente. La tecnología me ayuda a encontrar clientes alrededor del planeta. La clave es saber cómo vas a comercializar tu producto. Tienes muchas herramientas en Internet para mercadear, son las redes sociales. Fueron creadas para que las personas interactuaran con intereses comunes. ¿Interactúas en alguna de estas? Facebook, YouTube, Twitter y LinkedIn, Snapchat e Instagram.

¿USAS FACEBOOK?

Seguramente has escuchado hablar de Facebook. Es una de las redes sociales más conocidas. Hasta mi mamá que tiene 90 años lo usa. Fue creada en el 2004 y tiene más de dos mil millones de usuarios. Te dan la opción de llegar a miles de personas con tu producto o servicio, promocionándote con ellos, anunciándolos o vendiéndolos en Facebook Store. Haz la prueba. Consigues un alcance increíble.

He probado colocando anuncios en Facebook y su efectividad es buena porque llegas a tu nicho y segmento de mercado. Facebook nos tiene a todos fichados por edad, sexo, país, idioma, gustos, intereses, de qué países son tus amigos, etc. Y te permite con esta información segmentar el mercado al que vas a enviar tu anuncio. Te preguntas: "Qué tipo de personas me interesa que vean este anuncio para que impacte". Eliges los rangos de edades, el idioma que hablan, sus intereses, los países donde aparecerá tu anuncio…

¿Cómo vender? Hay dos formas muy sencillas. Debes incluir "MÁS INFORMACIÓN" con un botón en tus anuncios y los llevas a tu página web donde les presentas tu producto o servicio, todas sus cualidades, precio y el enlace para que coloquen sus pedidos y puedan pagar. Además de anunciar tus productos o servicios en Facebook tienes la opción de usar Facebook Store como plataforma para mostrarlos y venderlos. Te puede servir como vidriera virtual para exhibir tus productos e información sobre ellos y es gratuita. También te permite comunicarte con tus clientes y dividir los productos en secciones para facilitar que los encuentren.

¿TIENES CORREO ELECTRÓNICO PERSONALIZADO?

Aunque no lo creas, muchas personas aún no tienen ni usan un correo electrónico. Recuerda que no estás enviando mensajes informales. Debes tener una cuenta personalizada. No es igual que reciban un correo electrónico de Juan Pérez que de Papelerías Unidas.

Debes obtener uno. Yo lo uso todos los días haciendo consultas sobre Derechos de Autor, escribiendo a otras editoriales, contactando librerías alrededor del mundo, enviando a mis amigos novedades de la Editorial, brindando información a mi red de usuarios sobre las novedades, o simplemente saludando y agradeciendo a un cliente su compra.

¿Cómo he logrado posicionarme en tantos lugares? Muy sencillo: *aprovecho mi correo electrónico para mercadear mis libros*. Es un gran aliado para darnos a conocer, mostrar quiénes somos, dónde estamos, dejar enlaces a nuestro sitio web.

INSTALA INSTAGRAM
Al día de hoy Instagram es una de las mejores aplicaciones para vender PRODUCTOS Y SERVICIOS

Instagram es una aplicación lanzada en octubre del 2010 y es propiedad de Facebook. Con ella puedes compartir fotografías y vídeos. Justo hoy acabo de ver en Instagram un anuncio. Una persona vende huevos frescos. Ofrece delivery (entrega) gratis. Tiene fotos atractivas y de buena calidad que te hacen desear el producto, tiene el horario, su teléfono, email y los precios. Está toda la información que necesito. Luego te deja este mensaje: "Síguenos en Instagram". Es un anuncio pequeño, pero altamente efectivo. Hay muchos consejos en las redes para los que empiezan a utilizar Instagram.

Muchos amigos y amigas de mi hija lo usan para ofrecer sus productos, ropa, postres, catering. Para que sea efectivo deben tener una identidad visual, ser agradables a la vista y publicar contenidos relevantes, que a las personas les interesen.

TU PÁGINA WEB

¿Creaste la tuya?

Tu negocio debe estar en la web. Es fundamental. Será tu ventana al mundo, la tarjeta de presentación de tu empresa. Tus clientes verán quién eres, lo que ofreces, qué te motiva, cuáles son tus precios, por qué deben comprar tus productos y dónde pueden conseguirlos. Y tendrán la opción de realizar la compra y poder pagar el producto. ¿Quieres el mejor ejemplo de una página web efectiva? Visita **www.amazon.com**

Los costos para desarrollar tu página web son bajos y a tu alcance, si los compara con el beneficio que recibirás. Muchos la llaman "página electrónica" o "cyber página". Recuerdo cuando aparecieron por primera vez, necesitabas un programador que conociera el lenguaje de las computadoras. Nunca quedaban a tu gusto. Yo pagaba por cada cambio que le hacía a mi sitio, por cada nuevo libro que incorporaba. Ahora es más sencillo. Hay plataformas que te ofrecen plantillas interesantes y te enseñan cómo crear un sitio web.

Escoges la que más te gusta, la editas. Más sencillo no puede ser. Me gusta trabajar mis páginas web con la empresa WIX.COM Tienen plantillas excelentes. Crear un sitio web es esencial si quieres posicionar tu producto y crecer. Te ayudará a incrementar tus ventas pues tus productos estarán disponibles 24/7 es decir: "siempre". A mí me ha sido de gran ayuda. No tienes idea cuánto. Tener una página web te permite visibilidad en TODO EL MUNDO. Será tu punto de referencia.

Es una gran aventura y lo vas a disfrutar en grande. Trata de incluir:

- ENCABEZADO con letras grandes.
- Botones de acceso a las redes sociales.
- Una sección de videos y fotos.
- Cuenta tu historia.
- Muestra lo que ofreces.
- Pon textos a tu gusto que describan sus cualidades.
- Incorpora fotos de buena resolución.
- Escribe todo lo que describa tu empresa, por qué lo haces, cuáles son tus metas, que visión tienes, a quiénes vas a llegar.
- Información de contacto.

- Crea secciones interesantes, llamativas.
- Estudia las palabras claves más buscadas en Google, para que las incorpores y tus clientes potenciales te encuentren con facilidad.

Debe contener información práctica, que les sirva a tus clientes. Incluye botones de redes sociales, también información y contenido de valor que los motive a trabajar contigo. No olvides incluir un listado de tus productos con fotos "de buena calidad" y textos cortos que expliquen sus cualidades.

La foto es vital, no te equivoques al "ahorrar" y poner una de mala calidad, poco llamativa. Todo producto entra por los ojos. Esto lo han aprendido las cadenas de comida rápida que en los menús incluyen fotos de los alimentos preparados. Usa solo fotos profesionales de alta resolución. Incluye los precios, modelos, tamaños, cómo comprar y pagar. Siempre ayuda poner comentarios y reseñas de los clientes satisfechos. Yo lo hago e incluyo testimonios de mis lectores, y me ha resultado de lo mejor. Luego pon un enlace para que tus clientes te contacten al correo electrónico, Incluye tu teléfono y dirección física. La mayor parte de las plantillas que ofrecen vienen con estas secciones. Sólo debes editarlas. Cuando termines la edición, consigue un dominio llamativo (es el nombre con el que van a conocer). El mío, como soy escritor, es:

www.claudiodecastro.com

Estas plantillas incluyen un contador visible para que sepas cuantas personas han visitado tu sitio. Al final la subes al Internet y ¡listo! ¡Felicidades! Ya estás en el mundo virtual. Recorriste la mitad del camino.

IMPORTANTE… VERIFICA TODOS LOS ENLACES, INCLUYENDO EL DE CORREO ELECTRÓNICO.

Ahora debes promocionar tu página web para que tus clientes te visiten y los buscadores de Internet te encuentren.

Estas son algunas sugerencias prácticas:
- Informa a todos tus conocidos que tienes una nueva página.

- Crea un blog especializado con buen contendido e información de calidad y en él puedes generar tráfico hacia tu página web.
- Usa los servicios gratuitos de posicionamiento (puedes encontrarlos con los buscadores de Internet) como Google Ads.
- Utiliza las redes sociales a tu favor.
- Crea en Facebook una página donde vas a promover tus servicios y productos.
- Muestra las últimas actividades.
- Comparte los comentarios de tus clientes.
- Pon curiosidades de tu producto.
- Haz alguna promoción irresistible.
- Actualiza siempre tu sitio, hazlo interesante.
- Únete a Linkedin, el portal de profesionales.
- Invita en Instagram a tus seguidores a que te visiten.

Cada día aumenta más el servicio de compras y ventas por Internet, sé parte del futuro. Debes conocer en qué redes sociales se mueven tus clientes, para poder alcanzarlos. Si te promueves bien en las redes sociales, serás como el pescador exitoso. No se sienta en su bote al vaivén de las olas a esperar que algún pez pique su anzuelo, sino que usa grandes redes, radares sofisticados y todo lo que encuentre a su favor. Siempre llegarás a tu casa con la cena.

La globalización, el Internet, y tu emprendimiento serán grandes aliados. Entre Facebook e Instagram hay más de 3,000 millones de usuarios activos. Tus clientes llegarán de todos los países. No lo olvides: *"El mundo es tu cliente"*.

Es posible trabajar desde tu casa por Internet u otros medios. Pero ten cuidado que no te estafen. Recuerda:

No existe el dinero fácil.

Considera que, si es demasiado fácil, a lo mejor es una estafa. Abundan los ejemplos. Sólo hay que abrir tu correo y encuentras cientos de anuncios de trabajo para desarrollar en casa, sin que te cueste nada, ni necesites un título académico. Te ofrecen hasta $1,500 al mes por ensamblar tonterías. Te pagan por cada unidad que ensambles. ¿Acaso aparecen el nombre de la empresa, o su dirección física? Te piden la módica suma de $30.00 para que compres un catálogo en el que te explican los procedimientos y te muestran los diferentes diseños. Una vez que haces la transferencia, te mandan una muestra. Luego, desparecen del mapa.

Es increíble lo ingenuos que solemos ser. Suena tan real, se ve real, parece real y necesitamos algo así. Pero no es verdadero. Ten mucho cuidado. No seas uno más. Internet está plagado de trampas y estafas. Cada día surgen nuevas formas de engañar a las personas. Casi a diario recibo email en los que me dicen. "Felicidades… usted se ha hecho acreedor a…" no los sigo leyendo, los borro enseguida. Y cuando son de algún banco pidiendo que actualice mi cuenta, redoblo los cuidados, telefoneo al banco y casi siempre me advierten: "No hemos sido nosotros".

En las diferentes guerras los soldados encuentran objetos aparentemente inofensivos. En su ingenuidad los levantan y activan un poderoso dispositivo explosivo que los mata. En inglés los llaman Booby Traps. Los Booby Traps del Internet no te atrapan, ni te matan, pero te quitan el dinero que necesitas para tu empresa. Súbitamente recibes un correo informando que alguien que desea donarte su herencia. A cambio te piden $60.00 para los trámites bancarios. Te parecerá increíble, pero hay personas que caen y envían el dinero. Justo terminando estas palabras me llegó este mail de un tal Sadow Jake. Dice así: *"Estimado. Tengo una caridad de donación transacción para usted: Write Me On: hariszinnmer@qq543.com".*

Lo curioso es que ni siquiera tienen el cuidado de escribir bien el español. Ten prudencia.

Sabiendo esto, aún es posible trabajar en casa. Yo lo hago, me va bien y disfruto mis días a plenitud. Cada vez que recibo estos correos, los desecho y listo, no pasa nada.

~~~

*Ten una **actitud positiva** y te irá mejor.*

NUEVOS NEGOCIOS

Cada vez son más frecuentes las empresas a las que puedes hacerles un pedido por Internet. Mi esposa suele comentar lo que una vez leyó: *"Si no estás en Internet, no existes"*.

Un amigo es fotógrafo profesional. Ofrece sus fotos en una página web. Vive con los Derechos de Autor de sus fotos. Genera tantos ingresos que puede dedicar su vida a hacer lo que más disfruta, compartir sus conocimientos. Sale en giras educativas por todo el país con grupos de alumnos a los que les enseña el arte de la fotografía. Las personas entran a su sitio y le compran derechos de autor para usar sus fotos. Mientras hace lo que le encanta, su página web es una vitrina en la que exhibe sus fotos de calidad y las vende. Es algo similar al sitio: www.shutterstock.com donde adquiero las fotos en alta resolución para las portadas de mis libros. Les pago con mi tarjeta de crédito y bajo las fotos directo a mi ordenador, sin tener que moverme de mi silla.

Hay páginas de Internet en las que ofreces tus servicios profesionales como escritor, diseñador gráfico, fotógrafo, corrector de textos, editor de contenidos para páginas web, cursos y seminarios para pintores, diseñadores, escritores, emprendedores...

¿Qué sabes hacer? ¿Qué puedes ofrecer? ¿Cómo puedes llenar una necesidad? "Querer es poder" bien dicen por allí. Y tú puedes, que nadie te diga lo contrario. Todo es cuestión de actitud, ten los pensamientos de un triunfador y vas a triunfar.

Otra amiga de mi hija confecciona joyas y las vende con su sitio web. Trabaja desde su casa sin apuros, sin jefes, ni horarios. Y lo mejor de todo, tiene libertad de salir e ir donde le plazca, recibe sus pedidos directo a su móvil. Es fundamental que estudies cómo vas a recibir tus pagos, de forma expedita y que sea fácil y seguro para tu cliente pagar.

CREA UNA TIENDA VIRTUAL AMIGABLE

La tienda virtual es el lugar de Internet donde vas a exponer tus productos o servicios, es la vitrina en la que te van a ver. Por eso debes tener algunos cuidados básicos al momento de elegir una plataforma para montarla y crearla.

- Debe ser amigable y fácil de navegar.
- Crea un diseño atractivo.
- Coloca una sección con tu historia.
- El cliente debe ser capaz de encontrar lo que busca en el menor tiempo posible.
- Los productos deben estar actualizados.
- Usa imágenes de alta calidad con descripciones claras y el precio a la vista.
- Pon contenido de calidad, descripciones detalladas y valor agregado.
- Las valoraciones de los clientes son importantes. Inclúyelas.
- Debe tener una sección para que tus clientes puedan opinar y comunicarse contigo.
- La compra debe ser confiable, con pasos cortos, tu cliente tiene que sentirse seguro al momento de pagar.

- Pon ofertas irresistibles. A todos les gustan las ofertas.

¿Te ha pasado que vas a comprar un producto en línea y al momento de pagar todo se complica? Hace poco quise comprar un nuevo ordenador en una empresa muy conocida. Entré a su tienda digital, tenía un buen diseño. Vi su catálogo, tenían imágenes atractivas, eran increíbles de buena calidad. Cada ordenador expuesto estaba con información detallada de sus especificaciones técnicas y con valoraciones favorables de los clientes. La tienda virtual tenía un chat en vivo.

Elegí un modelo con las especificaciones que buscaba, pero no estaba visible el precio. Quise hacer una consulta en el chat en vivo y no funcionaba. Por ningún lado encontraba un email para escribirles. Me preguntaba cómo una empresa tan grande no tenía visible un correo electrónico para sus clientes. Todo lo que quería era saber el precio para pagar.

Logré comunicarme luego de media hora y me pidieron primero llenar un formulario con mis datos personales, luego me harían una llamada, desde su Call Center, lo cual hicieron tres días después para preguntar mi experiencia de compra. Salí de aquella tienda virtual más que decepcionado sin comprar nada, prometiéndome nunca volver. Por la tarde entré en portal de Amazon, navegué un rato y encontré un ordenador que me gustó, hice "CLICK" en el botón de "comprar" y *eso fue todo*, así de sencillo, no necesité más nada. Amazon guarda tus datos como cliente y hace de la compra una experiencia agradable.

ENSEÑANZA: Facilita a tus clientes la compra de tu producto o servicio con una tienda en línea amigable, fácil de navegar, con los productos bien expuestos ilustrados con imágenes de alta calidad, y detallados, agrega contenido de valor, un enlace y número de teléfono para comunicarse contigo, el precio que esté la vista y una manera de pagar que sea rápida, segura y efectiva, con tarjeta de crédito, efectivo o transferencia bancaria.

Cierra la venta lo más rápido que puedas. No compliques la forma de pago porque vas a perder la venta y al cliente.

LAS OFERTAS

Las ofertas son herramientas poderosas, muy antiguas y efectivas para crear el deseo de compra y vender. Crea ofertas a las que nadie se pueda resistir para que atraigas a tus clientes.

Para tus ofertas usa frases contundentes, atractivas y cortas como: *"El producto que ha revolucionado…"* A los consumidores les encantan las ofertas. Solo mira los programas de ventas por televisión en cable, siempre que muestran los productos que ofrecen al final te dicen: "Y recibe completamente GRATIS por tu compra." También suelen usar esta frase pegajosa, que engancha a la primera:

"TE OBSEQUIAMOS…"

Recuerda mostrar tu producto con fotos profesionales, de alta calidad. Incentiva al cliente mostrándole las virtudes del producto que tienes en oferta o que estás obsequiando. Menciona cómo lo va a ayudar, incluye reseñas de otros clientes: *"Wow, este producto básicamente me hizo la vida más sencilla. Es maravilloso…"*

¿Lo has notado? En las ofertas siempre ponen: "Por tiempo limitado". "Quedan tantas unidades disponibles". "No te pierdas esta extraordinaria oportunidad que todos están buscando".

Puedes ofrecer GRATIS

- El envío.
- Un servicio.
- La instalación.
- Un libro digital de cómo hacer algo.
- Un curso on line práctico e interesante.
- 2 productos x 1.
- Descuento en la siguiente compra.
- Un mes de prueba, en ciertos casos.

No siempre el plus es un artículo, las personas esperan y necesitan más opciones.

~~~

Recuerda:

*Casi siempre, el 50% de las veces, una **actitud** es la determina el éxito o tu fracaso.*

CAPÍTULO SIETE

LAS GRANDES TENTACIONES DEL EMPRENDEDOR

TU ESPACIO SAGRADO

Te quiero hablar de algo muy importante. Pon atención. Necesitas tener un pequeño rincón en tu casa, una esquina, una habitación... algún lugar donde puedas concentrarte y TRABAJAR.

Debes evitar la más grande tentación de los que trabajan en casa: *recostarte en la cama con tu ordenador portátil sobre las piernas, pensando que serás eficiente.*

Tu espacio de trabajo es sagrado.

Imagina que conversas con un cliente por teléfono y entra el niño llorando, o que el perro que se trepa en tus pies y empieza a ladrar o te empiezan a llamar a gritos para que vayas al supermercado. ¿Qué piensas que va a pasas? Terrible ¿ah? Debes darle un toque profesional a tu proyecto. Vestir impecable. Tener un teléfono exclusivo para tu empresa, que nadie más use. Si no lo haces corres el riego que tu mejor cliente llame por primera vez y escuche alguien respondiendo: *"Familia Fernández, ¿diga usted?"*

Las distracciones en casa son muy frecuentes. De pronto me dice mi esposa: "Hay que comprar leche, huevos y pan".

Debes tener un espacio libre de distracciones. Si no lo consigues, estás destinado a trabajar a deshoras, en momentos, cuando no entren los niños, tu esposa (o), el perro, tu gato…

Y, por favor, evita una de las grandes tentaciones que surgen cuando trabajas en tu casa: "Trabajar en pijama". Es lo pero que puedes hacer. Te baja el estado de ánimo, te quita actitud, y te hace dócil a la pereza.

En mi caso, soy escritor. Necesito momentos de silencio. Soledad. Tiempo para leer y escribir y reflexionar. La verdad es que tiene enormes ventajas, pero a la vez sientes que es un trabajo un poco solitario. En una empresa estás rodeado de personas que las que interactúas todo el día, aquí, en casa, estás con tu esposa que atiende otros asuntos y te quedas solo muchas veces. Esto genera una de las grandes tentaciones de trabajar en casa, tal vez la peor de todas: "No hacer nada".

Me cuesta acostumbrarme a trabajar sin interactuar con otras personas, tener con quien comentar un programa de televisión, un acontecimiento reciente... Por eso suelo salir con mi esposa y me tomo un café, voy donde hay personas, conversamos un rato y regreso a mi trabajo en mi estudio.

Todo negocio es un riesgo. Muchos factores harán que tengas éxito. Pero también puedes fracasar. Hay distracciones que siempre están presentes. No las puedes ocultar.

* Las series de televisión están mejor que nunca.
* Ese mullido sofá en la sala invita a una siesta.
* La nevera repleta de comida te llama.
* Una hamaca cómoda en el patio interior te necesita para mecerse.
* Los niños desean jugar contigo aprovechando que estás en casa.
* El teléfono que timbra en todo momento.

Lo peor es cuando no puedes diferenciar entre tu casa y el trabajo, aunque pases la mayor parte del tiempo en tu casa. Como nadie te supervisa te levantas tarde y pocas veces sigues un horario. Pierdes el contacto humano tan necesario en los trabajos con otros colaboradores, para surgir en el mundo profesional. Algunas veces te vas a sentir solo. No tienes con quien hablar ni compartir las noticias o los eventos cotidianos.

Me ha pasado. Hay días que simplemente no haces nada porque te da pereza, o te acostaste tarde o no planificaste el día. Sabes que nadie te va a llamar la atención. No tienes quien te presione a trabajar ni te exija que cumplas una meta.

Cuando trabajas como emprendedor, el salario depende de ti, de tu esfuerzo. Nadie va a llegar a tu casa a decirte: "Aquí tienes este dinero, pensé en ti". Al principio pocas personas tomarán en serio lo que haces. No van a creer que vale la pena. Incluso te cuestionarán: "¿Y cuándo vas a conseguir un trabajo de verdad?". Es natural, están preocupados. Me ha pasado muchas veces. Lo primero que te preguntan es: "¿Y dónde estás?" Luego que les explicas lo que haces te dicen compungidos: "No te preocupes, pronto te saldrá un trabajo".

Algunas grandes corporaciones se han tomado muy en serio esto de trabajar en casa y envían a sus empleados a laborar en casa desde un computador y un teléfono. Lo llaman Home-Office que en español sería Hogar-Trabajo. Conocen las ventajas y desventajas. Ahorran en infraestructuras. Nadie falta al trabajo porque laboran en casa. Nunca te darán una excusa como: "estoy agripado, no puedo ir". También se ahorran gastos de luz, papelería, etc. Pero puede provocar que sus empleados se vuelvan sedentarios por falta de supervisión y bajen sus rendimientos ya que tienen sus salarios asegurados. La diferencia es que cuando trabajas para ti si no te mueves y buscas negocios no recibes dinero. Esto es un buen incentivo para una persona emprendedora, se llama "necesidad". Sabe que todos los meses tiene gastos que cubrir, que el dinero está afuera, esperando.

Es curioso. Muchos sueñan con trabajar en pijama y hasta alardean de ello. "Demoro un minuto en llegar a mi trabajo". Piensan que esto mejorará su calidad de vida. La verdad es que te hace improductivo y empiezas a consumir tus recursos económicos.

NUNCA TRABAJES EN PIJAMA

Ellos se levantan de la cama y, se dirigen a su esquina de trabajo e inician sus labores, así como están. Los espera un café humeante al lado, un panecillo con mantequilla para desayunar y luego vuelven a su oficio. Es un grave error, te acomodas demasiado terminarás **por no hacer nada más que estar tirado en un sofá, durmiendo una siesta.** Estás en tu casa para trabajar no para descansar. Debes generar dinero, ideas, recursos. No caigas la tentación de trabajar en pijama. Tu vestimenta te ayuda a sentirte bien y trabajar a gusto. Trabajar en pijama denota dejadez y cansancio. No vas a progresar así.

¿Sabes cuál es tu peor enemigo para progresar? LAS DISTRACCIONES. Hace que te vuelvas desordenado y con el tiempo vas a perder las motivaciones que necesitas para triunfar. Las distracciones hacen que pierdas tu norte y te quedas sin un "propósito".

Conozco algunos que se dicen a sí mismos, felices: "Como no tengo jefe que me vigile, iré al banco y haré unos depósitos, luego a la cafetería por un deliciosos café, compraré los diarios, pasaré por el parque para caminar, tal vez vaya al supermercado y por último a trabajar un rato".

Créeme, sé de lo que hablo. **Ese rato se convierte en NADA.**

Me ha pasado cientos de veces a mí. Salgo a dar vueltas en el coche y cuando me doy cuenta se ha ido la mañana. La pereza te agarra fuerte y en la tarde descansas de no haber hecho nada. Y las cosas empiezan a empeorar. Consumes tus recursos para quedarte sin un centavo, desesperado, sin saber qué hacer.

Ese "trabajar" generalmente inicia a las once de la mañana, cuando se acerca la hora de almuerzo o a las dos de la tarde. No caigas en ello. Debes mantener tu ritmo de trabajo.

Ten planes, metas, evita las distracciones y trabaja, teniendo en mente que lo más importante es tu familia y que ya no vives para trabajar, ahora trabajas para vivir porque la vida es muy corta y debemos también vivirla y disfrutar los momentos de alegría que el buen Dios nos permite.

Debes crearte una disciplina de trabajo y cumplirla. Los entendidos recomiendan trabajar en bloques de tiempo, con pequeños descansos o intervalos. Es lo que yo hago, trabajo como hasta las nueve y salgo una hora con mi esposa a despejar la mente y tomarnos un delicioso café en alguna cafetería. Regresamos a la casa, ella sigue haciendo mandados o realiza los trabajos del hogar y yo continuó trabajando en mis libros, escribiendo. Por la tarde hacemos otra salida y vuelvo a trabajar.

Puedes darte pequeños gustos, sin que afecten tu desempeño, porque el negocio va contigo y donde estés podrás generar.

Te diré la verdad... lo que más cuesta es ser disciplinado. Establecer horarios de trabajo en casa. No distraerse con el entorno: la nevera, el televisor, la cama que te llama a una siesta, el perro que quiere salir, tu esposa que desea que la lleves al supermercado, los hijos que quieren jugar contigo aprovechando que te quedaste en casa. Las distracciones abundan. Debes enfocarte en lo que haces.

¡NO TE DISTRAIGAS!

LAS 10 CLAVES DEL ÉXITO

Después de haber leído este libro podemos entre todos llegar a 10 conclusiones importantes. Las llamaremos: **"Las 10 claves"**.

Me ayudaron muchísimo cuando tomé la decisión de ser independiente. Ya las conoces, pero siempre es bueno repetir, recordar, afianzar. Estas son:

1) PIENSA QUÉ QUIERES HACER, algo que disfrutes.

Busca una necesidad, algo que las personas necesiten y encontrarás un negocio que se convertirá en empresa. Cuando empieces, te darás cuenta que debes innovar, buscar siempre nuevos productos y servicios que te hagan resaltar, sobresalir y ser mejo
TEN METAS y pasión por lo que has decidido. Disfrútalo. Trabaja con entusiasmo, debes lograr que tus clientes sientan ese entusiasmo que llevas dentro y quieran trabajar contigo.

Que te prefieran a ti, en lugar de tu competencia. Dales algo diferente. Especial.

2) DESARROLLA UN PLAN de trabajo

Ahora que saber qué vas a hacer, la pegunta es: *"¿Cómo lo haré?"*

3) ESTABLECE UN HORARIO Y ¡ENFOCATE!

No lo olvides, aunque te vean en tu casa, ¡ESTÁS TRABAJANDO! Encontrarás muchas tentaciones y distracciones. No caigas en ellas.

4) BUSCA UN LUGAR PARA TI Y HAZLO ACOGEDOR

Allí vas a pasar muchas horas y días y debe ser cómodo, iluminado, acogedor y, sobre todo, sagrado. Es tu oficina no tu casa.

5) USA LA TECNOLOGÍA A TU FAVOR

Hoy en día millones de personas aprovechan al máximo las redes sociales, las páginas web, y las ventajas de tener un mundo por cliente, sin más fronteras que el idioma. Personas de diferentes países ofrecen todo tipo de servicios en línea a través de páginas especializadas.

6) CONOCE BIEN TU PRODUCTO O SERVICIO Dicen que el conocimiento es poder. Debes conocer tus productos o servicios como el mejor.

7) PONTE METAS y que sean alcanzables.
Semanales, mensuales y anuales.

Metas en ventas.
Metas en establecer contactos.
Metas en desarrollar nuevos productos.

Por ejemplo: Esta semana haré 15 llamadas por día o enviaré emails a clientes potenciales.

8) ESFUÉRZATE en brindar el servicio y las atenciones que te gustaría recibir. No les mientas a tus clientes ni prometas lo que no puedes dar. ¿No crees que tus clientes merecen el mejor trato del mundo?

9) BUSCA PERSONAS DE CONFIANZA que te ayuden que aporten a tu nueva empresa.

Nadie puede hacerlo todo. Necesitamos colaboradores, personas cercanas en las que confiamos.
No podrás permanecer todo el día sentado frente al escritorio. Hay que salir también y buscar nuevos clientes y oportunidades. En ese momento un colaborador es de gran ayuda. Alguien que responda el teléfono con amabilidad, haga llamadas de cobros, redacte informes.

10) HAZ CRECER TU NEGOCIO

Que sea rentable y genere ganancias, pero no descuides a tu familia. Es un contrasentido triunfar en tu empresa y fracasar con tu familia.

Es natural dedicar largas horas, sobre todo si haces algo que te apasiona. Pero ten cuidado. Los tuyos también te necesitan.

El mayor activo que posees es la familia. Son los que te acompañan, te impulsan y junto a tus sueños son los que te dan motivos para triunfar.

LOS CONSEJOS DE UN EMPRESARIO

Mi amigo Carlos Pagés, logró convertirse en un gran empresario. Quien lo ve nunca creería que empezó su gran empresa trabajando en su casa, con lo más elemental: una idea de emprendimiento, un teléfono y un pequeño escritorio. Pasé a verlo esta tarde y le conté de este libro. Le encantó el proyecto y quiso compartir algunas ideas contigo. "Era curioso", me dijo. Me despertaba y estaba en mi oficina. Me fui de la casa porque crecí y ya no cabía. Llega un momento en que el movimiento de tu empresa molesta la privacidad de tu familia y debes buscar una oficina fuera de tu casa. Cuando ocurra sabrás que estás creciendo.

- Cuando trabajas en casa, se te presentan oportunidades nuevas que debes aprovechar. Son momentos mágicos que no vuelven. No los dejes escapar.

- Trabajando en tu casa ahorras el alquiler de una oficina. Vives con poco y necesitas poco. *Ahorra e invierte.*

- Este es el momento. Compra un terrenito donde más adelante puedas construir tu empresa.

- Ten visión de futuro. **Imagina dónde quieres estar en cinco años.**

- Establece un horario de trabajo, aunque sea flexible. Debes tener disciplina, igual que cuando trabajabas para otra persona y cumplías un horario. **No desperdicies un minuto de tu tiempo. Es lo más valioso que tienes. Sácale provecho.**

- Sé honesto con tus clientes. Llámalos, visítalos con entusiasmo. NUNCA trates de aprovecharte de ellos. La honestidad te abre caminos. Si un cliente me pedía 1000 piezas yo le entregaba 1001. Nunca se me ocurrió el concepto del juega vivo.

- Debes lograr que tus clientes sientan la necesidad de buscarte porque eres útil y le solucionas sus problemas. *Ellos confían en ti.*

Ese día Carlos me habló de *su teoría* de los caballos de carreras que aún uso hoy, habiendo logrado llegar a donde estoy, porque me ayuda a visualizar a dónde quiero estar en unos años y lo que voy a lograr con mi esfuerzo personal.

Una tarde un amigo lo llevó al hipódromo, para que viera las carreras de caballos pura sangre. Estando allí se le ocurrió apostar un poco a cada uno de los caballos que estaban corriendo. Su amigo le preguntó: "¿Por qué?" La respuesta fue simple: "Porque alguno tiene que llegar a la meta".

Se quedó viendo aquella carrera y se dijo: "Así debemos hacer en los negocios. Hay que poner a trabajar varios proyectos a la vez. Alguno va a llegar a la meta primero y nos va a rendir grandes beneficios, después llegará el segundo y con el tiempo irán llegando uno tras otro".

Es lo que he hecho desde aquel día. Tengo varios proyectos *corriendo* para llegar a la meta. No me conformo con escribir y publicar estos libros que me han dado buen rendimiento, pues se venden a granel y ayudan a los lectores a conquistar sus metas, gracias al buen Dios que siempre está presente. Escribo para otros medios, coloco libros en librerías y farmacias, los exporto a diferentes países. **El secreto está en diversificar**, no poner todos los huevos en una sola canasta, nunca rendirse, perseverar y trabajar con ENTUSIASMO.

~~

Cuando te animes a trabajar desde tu casa y veas florecer tu empresa terminarás exclamando como yo:
"¡¿Por qué no lo hice antes?!"

TU NUEVO HORARIO

Ahora que trabajas desde tu casa, ¿tienes un horario? Debes saber que nunca vas a prosperar si sólo trabajas 5 minutos y te tomas el resto del día libre. Debes gestionar bien tu tiempo. Hay que tener disciplina, pero también puedes ser flexible por lo que no necesitas un horario tradicional. Esa es una de las grandes ventajas de ser un emprendedor.

¿El secreto para gestionar bien tu tiempo? Ser organizado. *Si eres organizado serás productivo.* Cuando te apasiona lo que haces, no necesitas un horario fijo ni nadie que te supervise. Tu mente gira en torno a lo que haces. Siempre estás buscando cómo diferenciarte y sobresalir, dar un producto diferente, especial, que todos quieran.

El horario es importante, pero no lo es todo. El horario no es lo que hace que funcione una empresa ni que sea productiva. Sabes que cada día tienes que producir y esto te debe impulsar a buscar resultados.

Recuerdo una compañía en la que trabajé. Una mañana me avisan que el dueño quería verme. Era una persona muy perspicaz. Me dijo molesto que algunos vendedores no estaban usando el reloj de asistencia los medio días y quería que todos lo usaran. Le respondí que me parecía bien, y establecí la norma.

Al día siguiente me preguntó cómo iban las cosas, le dije que bien, "sin embargo quiero comentarle algo... Hemos perdido una venta de quince mil dólares" Me miró asombrado: "¿Cómo pudo ocurrir?", preguntó. "Muy sencillo", respondí. "El vendedor estaba cerrando la venta cuando se acordó que debía regresar a la empresa para marcar en el reloj de asistencia. Faltaba media hora para las doce. Como estaba en el otro extremo de la ciudad, lo dejó todo y vino a marcar. Por la tarde cuando regresó, no pudo hacer nada, otro proveedor aprovechó la circunstancia y se quedó con la venta". Lo miré fijamente y le recomendé: "Usted quiere ventas, ¿verdad? Haga que los vendedores usen el reloj de asistencia cuando lleguen y cuando terminen su trabajo. Deles la libertad de atender a sus clientes a toda hora, durante el día". Le gustó mi propuesta y así quedó.

Hasta el día de hoy, años después, siguen trabajando de esa forma.

Un horario es importante, pero más lo es la productividad. Un emprendedor tiene horario propio, lo establece a diario, según las circunstancias. Cuando empecé, llegué a trabajar hasta 15 horas diarias, a veces más. Quería ser productivo, demostrarme que podía. Un amigo al verme con este afán me dijo: *"Vas a tener éxito en tu empresa y fracasar con tu familia. Ellos también necesitan tu tiempo. No los descuides"*. Fue un consejo sabio y muy oportuno. *Nunca lo olvides: "Tu familia siempre será lo primero en tu agenda. Dedícales tiempo.*

Es difícil crearse una rutina, cuando puedes trabajar en pijamas si así lo quieres. No tienes quién te diga qué hacer ni cómo hacerlo, ni lo necesitas. Tú misma debes organizarte y saber lo que harás durante la semana, fijarte metas alcanzables. Lo importante es ser productivos. Esta nueva generación de genios del ordenador tampoco necesita que alguien les diga qué hacer. Para ellos no es problema, siempre saben qué hacer, siempre buscan algo nuevo, innovador, interesante.

Yo tengo una rutina propia. Llega un momento en que trabajas como los engranajes de un reloj. Cada engranaje mueve al otro y hacen que el reloj funcione. Todas las personas tienen su propio ritmo de trabajo, saben cuándo son más productivas. En el momento que empieces a trabajar desde tu casa, te darás cuenta, es muy sencillo. Hay factores que aún no domino sobre el arte de trabajar en casa. Y es que todos a mi alrededor se den cuenta que estoy trabajando.

Se asoma mi esposa y me dice:

— Vamos al supermercado. Hay que comprar leche y pan".

Fui al supermercado y recién he llegado para continuar escribiéndote. ¿Qué puedo decirte? Me gusta salir con ella. Terminamos siempre en un café charlando como cuando éramos novios. Otras veces me pide que compre café tostado y molido. Me quejo porque estoy trabajando. Pero dejo lo que hago para consentirla y salgo a buscar el café. Cuando regreso, revisa el paquete, me mira y pregunta:

— ¿Dónde está el azúcar?

— ¿Cuál azúcar? — pregunto despistado.

Me doy cuenta que se me olvidó por la prisa que llevaba. Y otra vez salgo a buscar lo que faltaba.

¿TENDRÉ SALARIO?

Dile adiós a ese salario fijo que ganabas. ¿Es eso malo? Hay semanas en las que trabajando independiente genero hasta diez veces el salario que solía recibir trabajando para una empresa. Ahora el salario lo generas tú. Pero no te inquietes por eso. Te va a ir muy bien.

La vida cambia. Últimamente me han ofrecido algunos empleos y agradecido los rechazo. Ya no quiero trabajar para nadie. Me encanta lo que hago. Me siento vivo, realizado. Esto es algo que no te pueden pagar. El dinero se necesita, pero no siempre me impulsó a trabajar. Cuando trabajé para estas empresas, quería aprender. Estuve siempre con personas emprendedoras que no tuvieron miedo de conquistar sus metas. Me preguntaba cómo lo hicieron y les pedía que me contaran sus historias. Recuerdo que pasaba horas escuchándolos, tomando notas, sorprendiéndome por esa capacidad de emprendimiento. Me dieron la oportunidad de trabajar, aprendí de ellos y estoy agradecido. Para mí era como obtener una maestría con la práctica empresarial. Es saludable trabajar en una empresa antes de emprender este camino, para que tengas la experiencia y sepas cómo funciona una compaña.

¿QUÉ APRENDÍ DE ELLOS?

- La organización de ventas.
- El valor de una buena decisión.
- Cómo trabajar en equipo.
- El análisis de los costos operativos y de producción.
- Las estrategias de ventas y mercadeo.
- El presupuesto.
- El buen trato al cliente.
- El valor de nuestros colaboradores.

Vi la diferencia entre un jefe y un líder, entre un vendedor y una persona que toma pedidos. Sin esas experiencias seguramente no estaría donde estoy.

Siempre pienso en este empresario que un día me llamó a su oficina y me dijo con una sonrisa: "El día que te marches de mi empresa me vas a tener que pagar por todo lo que te voy a enseñar".

Un amigo me contó que viéndose él en una situación similar, decidió que era suficiente. No trabajaría más para otros. En adelante buscaría algo que hacer, que lo ayudara a salir adelante. Así fundó su pequeña empresa, en casa, y hoy tiene presencia en varios países. A menudo lo encuentro en un banco o una cafetería. Mientras otros se encuentran detrás de un escritorio, a esas horas del día, mirando el reloj para calcular la hora de salida, él y yo, nos sentamos entusiasmados a tomar un delicioso café, comer unos panecillos y hablar de negocios.

Cuando alguien me dice que perdió su empleo le recuerdo que tiene la oportunidad perfecta para hacer lo que siempre soñó, al menos para intentarlo. Este es el momento, tu momento. Puede que no encuentres otro mejor.

¿Qué puedes perder? Yo lo hice. Un día me vi como tú, preocupado, sin saber qué hacer hasta que mi esposa Vida se me acercó y me recordó: "Hay un sueño que tienes pendiente". "Es verdad", reconocí que tenía razón, y me senté a escribir.

Un amigo es un empresario, me comentó:

"Los mejores negocios los he desarrollado en una servilleta, acompañado de un café".

Es un consejo que nunca olvido por eso cada vez que hago una pausa y voy a una cafetería, tomo una servilleta y anoto en ella mis ideas.

CAPÍTULO OCHO

CÓMO VENCER EL MIEDO A EMPRENDER

*"No tengas miedo.
¡Sonríele a la vida!"*

(Dovi Eisenman)

NO TENGAS MIEDO

La vida se compone de muchas facetas, el negocio y el dinero son solo una de ellas. El éxito se mide en la proporción de tu felicidad y hay que buscar un equilibrio entre la empresa y la familia. Es peor error que puedes cometer es dedicar todo tu tiempo a una empresa y descuidar a los que te aman. También es un error descuidar tus sueños y tu negocio.

Para nivelar el contenido de este libro conversé con un conocido estratega de negocios y vida, Dovi Eisenman, quien tiene por misión, ayudar a las personas a conquistar sus sueños e influir positivamente en ellos. Le pedí que compartiera contigo su visión del mundo, su optimismo en la vida y te explicara por qué no debes tener miedo a ser un emprendedor, romper paradigmas, luchar por tus sueños personales, familiares y empresariales, surgir como empresario.

"Todos tenemos un propósito en la vida. A veces lo sientes, pero no se manifiesta. Hasta el día que lo entiendes, lo abrazas y decides transformarlo en tu filosofía de vida. Hoy el mundo entero está pasando dificultades y tormentos. No estábamos preparados para esto. Para muchos, la crisis del covid19 es una catástrofe, donde todos vamos a perder vidas humanas, empleos, empresas, nos vamos a tener que acostumbrar a una nueva realidad, al distanciamiento social, la falta de movilidad y la incertidumbre que impulsan a todo esto. Es normal. Sin embargo, yo trato de verlo desde otro punto de vista. Y he tenido la oportunidad de conocer a muchos más que también están haciendo lo mismo: transformar esta crisis en un punto de inflexión, un momento para reenfocar su propósito, reinventarse y seguir adelante.

Muchos dirán es tan fácil decirlo. Y sí. Lo complejo es sentirlo. Y cuando lo sientes sabes exactamente cuál es tu propósito. El mío es enseñar a las personas a Sonreírle a la Vida. Sí, sonreírle.

Mi papá, mi hermana y mi hermano me inspiran. Mi padre sobreviviente de la segunda guerra mundial, logró escapar de los campos de exterminio nazi con tan solo 6 años, perdió a casi toda su familia, todo lo que conocía fue destruido para luego volver a empezar, tener matrimonio con su primera esposa y posteriormente perderla repentinamente de una enfermedad, volver a casarse en su segundo matrimonio y años después perder a mi hermanita de 18 años en un trágico accidente.

Él me enseñó que de la vida no hay nada qué podemos esperar, la vida hay que vivirla como es, en luchar por levantarnos de cada golpe que nos da, porque uno no sabe cuándo es su última batalla. Lo que sí podemos hacer es **fijarnos en las cosas buenas que nos da la vida**, las oportunidades y no en lo que nos hace falta.

Así nació: "Sonríele a la Vida", una filosofía de vida que ve y piensa positivamente, buscando todas las oportunidades a cada situación que te la vida. Así siempre será más fácil poder construir, crecer y echar hacia adelante sin perder el enfoque. Sonreírle a la vida no trata de tener una actitud festiva a las circunstancias. Por el contrario, es una invitación a tener una actitud distinta, de apertura positiva frente a la adversidad.

No importa en qué situación estés o en el lugar que te encuentres, a tu alrededor siempre va a existir una oportunidad que nace de una necesidad para atender. De un propósito que cumplir. Una vez logres entender esa necesidad y alinearla con tu propósito, puedes encontrar una solución, la fórmula correcta para seguir adelante y triunfar. Lo más importante para poder aprovechar esta oportunidad está en la actitud con la que tomes este desafío. Si te apasiona seguir adelante, superar esos retos y estar dispuesto a luchar por tu misión nada te va a detener.

Esta crisis nos ha acercado más a valorar la vida, a entender que somos humanos y que nuestra vida es tan frágil que nuestro peor enemigo puede ser un virus invisible que nos ha obligado a reenfocarnos en nuestra vida, a apreciar todo aquellos que antes dábamos por hecho. Un abrazo, una caricia, una reunión con nuestros amigos o compartir tiempo con nuestros familiares.

Descubres que ser más humanos es más importante a tener cualquier otra cosa en la vida. Porque este virus ataca a todos sin importar su condición social y lo único que logra detenerlo en este momento es la solidaridad.

Dicen que no es el más fuerte de las especies el que sobrevive, tampoco es el más inteligente. Es aquel que es más se adapta al cambio.

La diferencia de aquellos que se queden detrás, se rindan y los que logren salir adelante estará en los que estén dispuestos a ver esta crisis como un punto de inflexión en sus vidas y encuentren esa unión de todos los puntos en uno solo.

Donde entendamos los aprendizajes de nuestro caminar y abracemos los errores que cometimos para entenderlos sin juzgarnos, conociendo que el camino al éxito está lleno de obstáculos, fracasos y momentos muy difíciles, pero los mejores diamantes son los que se forman bajo presión.

Tengamos la fe que nuestro Padre del cielo tiene un plan para todos nosotros, para hacer de este mundo un mundo mejor y que pronto saldremos de esta presión para ver nuestros diamantes brillar en la abundancia, gracias a nuestro esfuerzo, convicción y una actitud positiva ante la adversidad.

Sé lo que es el miedo a fracasar.
Y sé también que lo puedes vencer.

EL MIEDO PARALIZA

En este libro hablo de vencer miedos, porque yo los tuve. Los conozco y sé que pueden arruinar tus sueños. El miedo te paraliza, te mantiene conformista, cabizbajo. Si no estás por encima de esta sensación de desconfianza no vas a poder hacer lo más importante: dar el primer paso. De allí mi insistencia en este tema a lo largo del libro.

Mi sueño era graduarme del colegio, seguir estudiando y conseguir un empleo. Jubilarme y pasar tranquilo el resto de mi vida. Así lo hicieron mi papá, mis tíos y mi abuelo. Hasta que llega mi hermano y de pronto rompe esa tradición. Yo no podía comprenderlo.

Mi hermano renunció a su primer empleo, una tarde de verano, porque soñaba con ser emprendedor. Cuando me lo dijo no me lo podía creer: "¿Cómo puede?" me decía. "Tenía un buen salario, ¿se volvió loco?" Lo vi emprender diferentes negocios, vi la libertad que esto le ofrecía y quise hacer lo mismo, pero no me atreví. Para entonces yo tenía un empleo, el salario asegurado y estaba muy cómodo, hasta el día que tuvo problemas la empresa y redujeron al personal.

Me di cuenta que podría ser buen momento para hacer algo por mi cuenta. Tenía la oportunidad, pero no sabía qué hacer ni cómo, además, el miedo me paralizaba. Rápidamente conseguí empleo en otra empresa, volví a mi comodidad, a la rutina de un horario y a depender de un salario que nunca me alcanzó.

¿Qué ha ocurrido con mi vida en esos años? Seguro te preguntarás. A veces caigo, no sé qué hacer y siempre llega una mano amiga, alguien que me anima y me dice: "Vamos, levántate, no te rindas". Somos humanos de carne y hueso y estamos expuestos a todo. Creo que lo importante es vencer nuestros miedos al fracaso y salir en pos de nuestros sueños, llevar esa actitud triunfadora que te motiva y te ayuda a salir adelante. Te hablo de emprendimiento, de tu actitud para enfrentar las dificultades y sacar adelante tus sueños. También te hablo de ideas, porque todo empieza con una. No tiene que ser revolucionaria, puede ser la más simple de todas.

Haz lo que sabes y piensa en grande.

LO QUE APRENDÍ

Escribir este libro ha sido una experiencia maravillosa para mí. Honestamente, me siento otra persona, con más bríos y entusiasmo por emprender. Mi hermano, que ha estado pendiente del desarrollo de este libro, porque sabe que podría ayudar a muchas personas, ayer me llamó y me dio este consejo: *"Escribiste el libro, también es para ti. Aplica lo que sabes"*. Ahora sé que:

- Tenemos un mundo de oportunidades por descubrir. Hay tanto que podemos hacer.

- Si tienes un problema, una inquietud o deseas emprender un nuevo negocio, no es malo pedir consejos.

- Todo es cuestión de actitud. Si eres positivo podrás pensar con claridad y salir adelante. En todo problema descubres nuevos caminos que antes desconocías.

- Las dificultades te hacen reaccionar de tu letargo y te ayudan a reinventarte. Te das cuenta que eres más fuerte de lo que piensas y puedes salir adelante.

- Todo problema viene acompañado de 1,000 soluciones creativas.

- Los Problemas te obligan a moverte, aunque no quieras y a empezar a caminar. Estabas muy cómodo y no progresabas ni espiritual ni materialmente. La comodidad de hacer lo mismo cada día, sin renovarte, es tu peor enemigo.

- La palabra adversidad es como una moneda que del otro lado dice: "Oportunidades". Sí, la vida está llena de oportunidades.

- ¿Qué hacer ante un problema? Piensa qué es lo peor que podría ocurrir. Y sabiéndolo, sigue adelante, busca la solución, luego reinvéntate.

- Es hora que emprender y hacer las cosas de formas diferentes.

Hace algunos años recibí un consejo muy valioso de un sacerdote amigo: "Cada noche antes de acostarte a dormir, evalúa lo que hiciste en el día, ¿lo aprovechaste? ¿Qué pudiste hacer mejor? Luego, haz un listado de las 10 cosas más importantes que debes hacer al día siguiente. Ese listado será tu guía. Procura seguirlo, y a medida que avanzas, tachas el punto No.1, luego el 2 y así hasta que termines los 10 puntos".

Tengo frente a mí el listado. Sólo que lo hago con una nota rápida, llamativa, que coloco sobre el monitor de mi computador. Coloco también pensamientos motivadores, optimistas, en diferentes rincones de la casa. Cada día escojo uno. Es el combustible que me mueve a hacer las cosas mejor que el día anterior, y no rendirme

Cuando termino de trabajar, dedico varias horas a estudiar sobre emprendimiento, comercio electrónico e innovación. Cada día estudio de dos a tres horas. Llevo quince días quitándole horas al sueño. La verdad, estuve cerca de rendirme. Me sentía agotado, cansado. Pero cada noche, antes de acostarme a dormir me decía: "Mañana volveré a intentarlo. Será un mejor día". LA CLAVE ESTÁ EN PERSEVERAR.

~~~

No te rindas.

Vuelve a intentarlo.

Espero que este libro te haya servido y que puedas aprovechar su contenido. Te deseo éxitos continuos. Y cuando lo hayas logrado... Escríbeme, cuéntame cómo lo hiciste, tus sacrificios, tus alegrías, tus triunfos.

TE PIDO UN FAVOR

DÉJANOS UNA RESEÑA DEL LIBRO EN EL SITIO DONDE LO ADQUIRISTE.

Será de gran ayuda, para que futuros lectores sepan cómo este libro podrá ayudarlos.

CONTACTA AL AUTOR

¿Te gustaría contactar a Claudio?

Ésta es su página de autor:

www.claudiodecastro.com

Éste es su Email:

edicionesanab@gmail.com

Recibimos correos de todas partes del mundo, enviados por lectores que nos comentan lo que viven y nos cuentan cómo estos libros impactaron sus vidas.

www.ingramcontent.com/pod-product-compliance
Lightning Source LLC
Chambersburg PA
CBHW071353210526
45465CB00001B/71